お金の常識が変わる

総合法令出版

貯まる技術

松崎のり子
Noriko Matsuzaki

はじめに

「毎月、銀行に積み立てをしているのに、なぜかお金が貯まらない」

「ぜいたくはしていないつもり。でも手元にはお金がない」

「給料は増えないのに、出ていくお金ばかり増えてしまう」

「家計簿をつけても、何がムダ遣いなのかわからない」

「貯金がないと、いざというときが心配……」


あなたは、こんな悩みを持っていませんか？

雑誌制作の現場で、私はこうした人たちの取材を続けてきました。

収入が少なくて貯められない人、どんぶり勘定でお金の管理ができない人、さまざまな人がいます。

お金を貯めることは、本来決して難しいものではありません。

どんな人にとっても有効な貯蓄の方法、それは、

「収入から貯蓄分を取りわけ、残りで生活すること」。

単純な方法なのですが、実際にはなかなかうまくいかないことも多いのだと、取材を続けるなかで痛感しました。

うまくいかない理由とはなんでしょうか？

それは、世間で言われている「得する情報」「貯まるテクニック」を、素直に信じすぎているからかもしれません。


〝月1万円の積み立て〟を意識しすぎて、生活に必要なお金が足りなかったり、

〝お得〟をうたった売り方に惑わされ、余計な出費をさせられていたり、

〝ポイントやマイルのメリット〟ばかり強調され、カード払いが増え過ぎたり、

〝使った金額の管理〟ばかりで、「あといくら使えるか」を見ていなかったり……。

一般的な〝貯蓄の常識〟に気を取られすぎて、自分の手元のお金をしっかり見られていない人が多いのです。

貯められる人になるために大事なことは、「自分のお金の現実を知ること」。そして、自分の「お金の使い方の癖」を知り、よりよい使い方に変えることが必要なのです。

「お金の使い方」のコツさえつかめば、あとは自動的にどんどんお金が貯まっていきます。

私は、雑誌の編集者としてお金にかんする取材を20年以上続け、現在、消費経済ジャーナリストとして、雑誌やテレビで記事提供やアドバイスなどを行っています。取材を続ける中で、本当にさまざまなお金の使い方・考え方を見てきました。

お金の専門家から伺う〝数字のカラクリ〟、

貯蓄達人の、気づけば貯まっている〝コツコツ貯め〟のセオリー、

クレジットカードの使用でいつのまにか借金が増える〝赤字家計〟の落とし穴、

夫の借金や浪費、離婚など〝女性の人生〟におけるお金の話……など、数えきれない程のエピソードがあります。

本書では、これらの取材経験から導き出した「貯まる人の共通点」、「貯まらない人の共通点」を元に、生活に密着した節約方法から一生を有意義に過ごすための〝お金の知恵〟までをご紹介します。

面倒くさがり屋な人でも続けられるような、楽しく使いながらラクに貯まる方法です。

取材では、年に100万円以上貯め、中には1000万円以上の貯蓄を持つ達人たちのお話もずいぶん聞いてきました。

その人たちの共通点は、「使うべきところには使い、自分にとって不用だと思うものには手を出さない」こと。つまり、お金の使い方や貯め方の自分に最適な方法を知っていて、且つ、とてもきれいな「お金とのつきあい方」をしているのです。

「いくら貯めるか」ではなく「何のために貯めるのか」という目標が見えていて、

自分に必要なものがわかっている。

ですから、むやみな浪費とも無縁、我慢を強いる節約とも無縁。ぜいたくなどしなくても、毎日の暮らしを心から楽しめるようになるのです。

実際に、私も取材をして学びながら、20代の手取り14万円時代に1万円の積み立てからスタートし、30歳を超える頃には1000万円の貯蓄を達成できました。

これは、自分なりに「お金とのつきあい方」を真剣に考え、向き合ってきた結果だと思っています。

株やFXなどで大儲けをしなくても、「お金の使い方を見直すだけで、大きなお金に育てられる」と、ぜひあなたにも知っていただけたらと思います。

本書をスタートする前に、一つだけ覚えていただきたいことがあります。

それは、**「お金は使うためにあるもの」**だということです。

芸能人や著名人、資産家などにインタビューをさせていただいたとき、「あなたにとってお金とは何ですか？」と尋ねました。

すると、みなさん口をそろえて、

「お金は道具。自分の人生をよりよくするために使うもの」

という意味のことを話されました。

あなたにとって、「お金」は何をしてくれる存在なのか。

これを一度考えてみましょう。

そして、「このために貯めたい」と目標が見えたときに、よりスムーズなスタートが切れると思います。

よりよい人生のためにお金を貯め、そして使っていただけたらと思います。

本書に記載されている情報は2015年6月時点のものです。
わかりやすさを重視し、簡単な表現に変えているため、紹介しているサービスや金融商品を実際に利用する場合は、サービスを提供する企業や施設等で詳細をご確認ください。
記載されている価格はおもに税込み価格です。税率の変更によって変更されることがありますのでご了承ください。

CONTENTS

第1章 お金に嫌われないために「やめる」行動20

第2章

お金引き寄せ体質になるために「はじめる」行動20

第3章

お金の落とし穴・ムダな出費から「守る」心得15

第4章

かかるお金を削って「楽しむ」知識10

第5章 将来、お金持ちになるために「覚える」知恵15

装丁デザイン　鈴木大輔・江﨑輝海（ソウルデザイン）
本文デザイン　土屋和泉
組版・図表　横内俊彦

第1章

お金に嫌われないために「やめる」行動20

お金が貯まらない最大の要因は、「使い過ぎ」に尽きます。
節約のつもりでしている行動が、
あなたのお金を減らしている場合があるのです。
無意識の浪費癖に気づき、
ムダなお金の使い方から抜け出しましょう。

01

「平均貯蓄額」と比べるのをやめる

お金を貯めたいと考えて、今、本書を読んでくださっている人は、とてもまじめな人だと思います。「同世代の平均貯蓄額より少ないと恥ずかしい」「お金の管理ができないのは大人として失格」「将来、他人に迷惑をかけないようにちゃんと準備しておきたい」。そんな理由で、「お金を貯めないと」と思っているのではないでしょうか。「世の中の同世代と比べて自分は人並みなのか……」それが基準になっている人が多いように思います。

私が取材をしてきた貯蓄達人たちは、もちろん、ぜいたくをしたり、高価な買い物をしたりはしていませんでした。しかし、洋服は上品でシンプル。部屋には、あまり物がなく、ナチュラルな雰囲気で明るく気持ちのいい印象を受けることが多くありました。決して何かを我慢しているようなイメージはありませんでした。食事は手づくりで、お子さんは、しっかりと挨拶ができ、躾が行き届いていました。つまり、**自分のスタイルがきちんとできている人が多かった**のです。

お金を貯めるプロセスとは、「自分にとって大事なものと、そうでないものを振り分けていく作業」なのかもしれません。つい浪費をしてしまう人は、まだそのルールができていないため、〝安い〟〝お得〟が正解だと思ってしまいます。少しずつ、自分のペースで、**〝自分が欲しいもの〟を見極めてお金を払う癖をつけていきましょう。**

人とは比べず自分のルールをつくろう！

02

無理な積み立て貯蓄をやめる

もし、ムダ遣いもしていないのにお金が残らないと感じるなら、それは積み立て貯蓄が原因かもしれません。

雑誌の取材で家計診断の特集をしている時、毎月積み立てを頑張っているのに、なぜか赤字になっている家庭が多いことに驚きました。その理由は、お金の使い過ぎではなく、意外にも、**「貯める金額の設定」に無理があった**からなのです。

例えば、月18万円の収入がある家で、毎月2万円を積み立てていたとします。残りの16万円で家賃や光熱費、食費などを賄って赤字が出ないとすれば、それが適正な生活費の額になります。ところが、もし積立額を5万円に上げたらどうでしょう。生活費が13万円では、毎月3万円の赤字が出てしまいます。結局、その赤字は毎月積み重なり、ボーナスでようやくマイナスが消えることになるのです。いわば**積み立て貧乏タイプ**です。

このタイプは、貯蓄に熱心で、「今年は100万円を貯める」などの雑誌の記事を愛読し、**日々節約に励んでいるまじめな人が多い**のです。**本人は「自分は毎月こんなに積み立てをして貯めている」と思っており、まったく赤字の意識がありません。**でも、これでは、どう見ても「無意味な貯蓄」です。すぐに赤字経営をリセットして、健全なお金のサイクルを取り戻しましょう。

身の丈に合わない積み立て金額をいったんリセットする

03

消費税が上がる前の買いだめをやめる

これから値段が上がると聞けば、誰でも慌てて買いだめに走ります。

記憶に新しいところでは、８％に消費税が増税されるのを控えた２０１４年3月に、駆け込み購入の嵐が吹き荒れました。洗剤やトイレットペーパーなどの日用品から、缶詰めや調味料などの食品までを、大量に抱えたお客でスーパーやドラッグストアは連日長蛇の列。普段の何倍も買い物をした人が多かったようです。

一方で、3月には家電の価格が高止まりしていたとも聞きます。お店は、黙っていても売れる時期に、わざわざ大きな値引きはしてくれません。**駆け込み需要のある時期は、もっとも安くならないタイミング**なのです。

２０１７年の４月に消費税が10％になる予定です。過去の例から考えると、お店は増税後に大々的なセールを実施し、なんとかお客を呼ぼうとするでしょう。増税前にやみくもに買いだめをすることは、決して得ではありません。逆に、高値掴みの危険もあるのです。

増税後に、客足が落ち込んでからのセールを狙うか、税率アップ直前ではなくもっと前の時期、例えば、２０１６年の年末セール時期頃までに余裕をもって買っておきましょう。

ただし、人は**手元にストックが豊富にあると、つい使う量も増やしてしまう傾向があります**。モノのムダ遣いは、お金のムダ遣いにもなると覚えておきましょう。

POINT

駆け込み需要がある時期とは、安くならない時期

04

お礼やお祝いのお金をケチケチするのはやめる

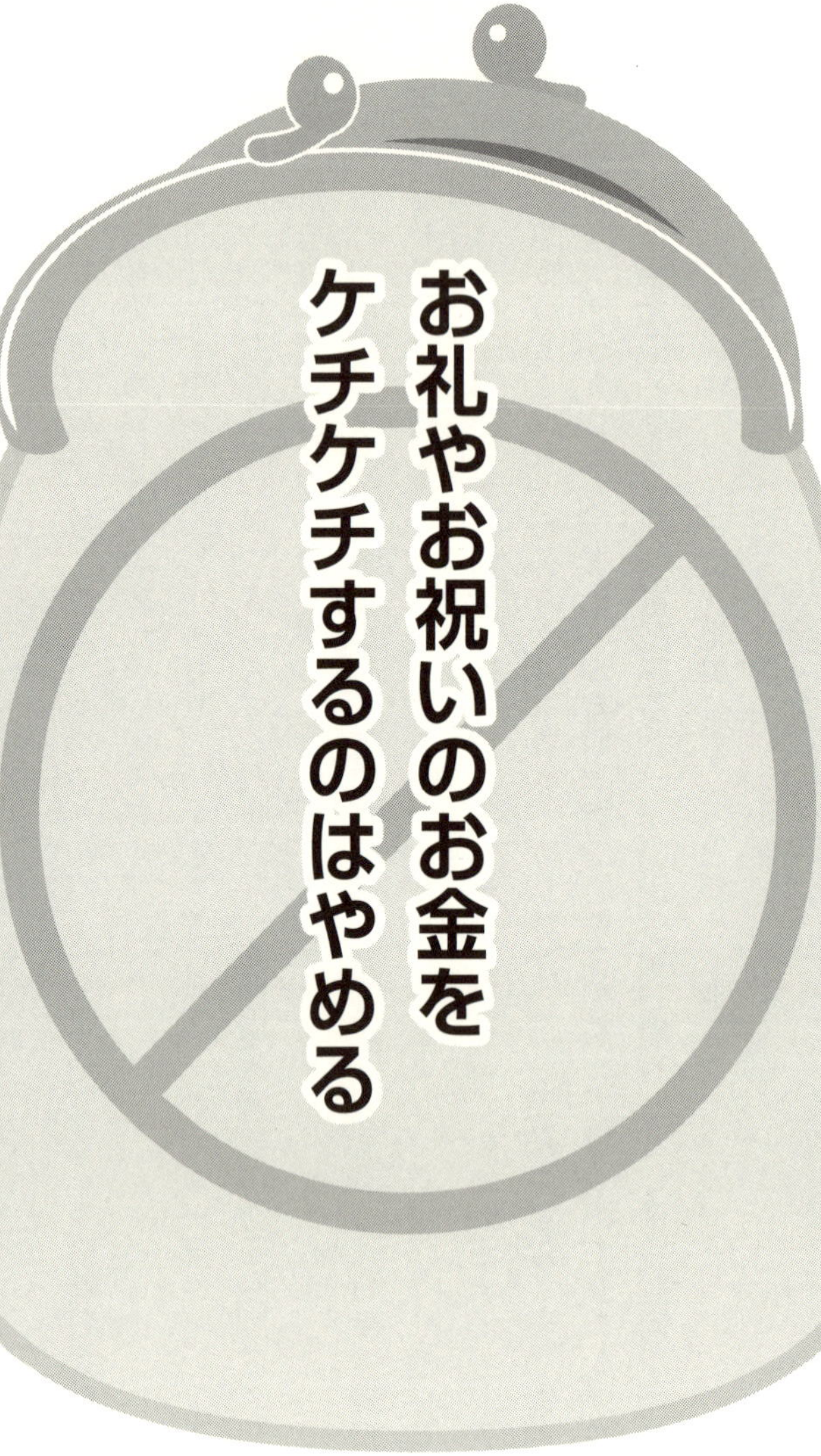

自分に使うお金は我慢しても、人に使うお金はきちんと払いましょう。なぜなら、**人からの評判はお金では買えない**からです。なんだかんだと理由をつけて歓送迎会に出てこない、結婚祝いの金額が非常識に少ない、お酒をあまり飲んでいないからと割り勘の金額を渋る……。こういう人からは、**人もお金も離れてしまいます。**

「ケチな人」だと思われて得することは一つもありません。まず誘いの声がかからなくなり、人間関係が狭くなります。**「人に使わない」ということは「人からも使われない」人になり、いざという時に自分を助けてくれる人も減ってしまいます。**

逆に、人にはお金を惜しまず使っていれば、必ず戻ってきます。目に見えるお金の形ではないかもしれませんが、**「自分を支えてくれる人」という形で貯金している**のだと思いましょう。

高齢者が金融詐欺にあったというニュースを見ると、いつも思うことがあります。どうして80歳近い人が数千万円もの高額なお金を持っているのだろうと。一つには、一番頼れる存在が「お金」だからではないでしょうか。「困ったときに話ができる人」がたくさんいれば、そんなに高額の貯蓄を抱え込む必要はないのかもしれません。

お金は人の為ならず。友人や家族のために気持ちよく使える人になりたいものです。

POINT

あとからお金で買い戻せないのは、あなたの人望

05

「おすすめ」を鵜呑みにするのはやめる

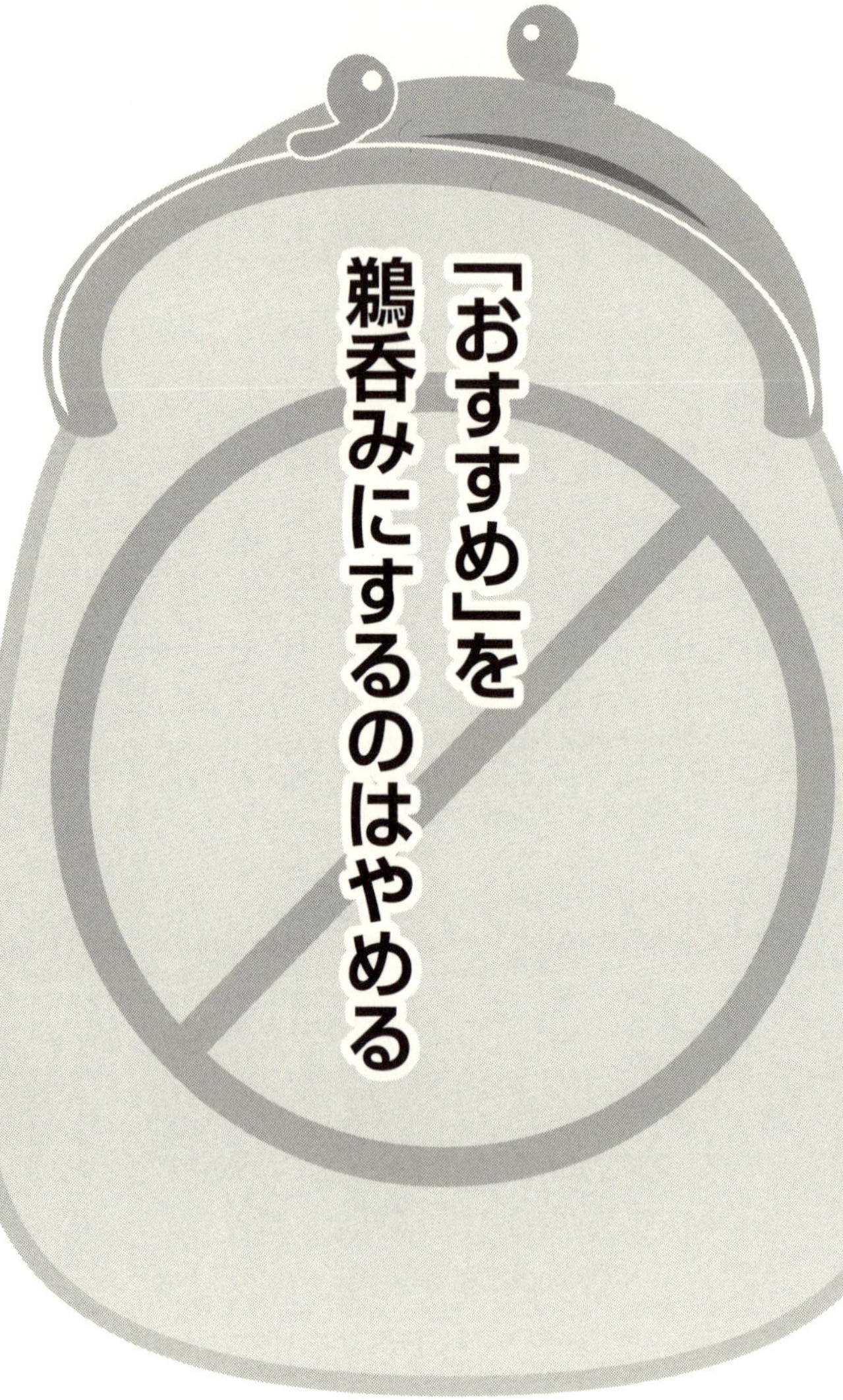

レストランのメニューにある「本日のおすすめ」。これがシェフの自信作に違いないと思い、お客はオーダーします。もちろん自信作には違いないでしょう。でもそこには、別の理由が隠れているかもしれません。なぜなら、「おすすめ」と書けば、注文が増えるからです。私が店主で、その日食材を仕入れすぎて困っていたとしたら、その食材を大量に使える料理を「おすすめ」に入れるかもしれません……。

家電量販店でおすすめ家電を聞くと、ほぼ間違いなく「売れ筋商品」を紹介しています。今はメーカーから派遣された販売員が売り場に立っていますから、メーカーが売りたい（かつ利益幅が大きい）商品を「おすすめ」にするのは当然です。つまり、**売り手が「おすすめ」するものは、売り手のメリットがより大きいもの**なのです。ですから、鵜呑みにしないことが大切。説明を聞いたうえで、**どれを購入するかを自分で判断しましょう。**

特に、**自分では良し悪しがよくわからないお金の商品は危険**です。売り手に「おすすめの保険」や「お金が増えるおすすめ金融商品」を尋ねると、９割方売り手が儲かる商品をおすすめしてくるでしょう。銀行に行っておすすめの預け先を聞くのは、まさに、ナントカがネギを背負ってやって来るようなもの。相手も商売なのだという認識をくれぐれも忘れないようにしましょう。

POINT

「おすすめ」の裏には、それを買ってほしい理由があると考えよう

06

「3着で10%OFF!」セールで3着買うのをやめる

「3着買うと10％OFF」というセールに出会ったことはありませんか？

つい「お得！」と飛びついてしまいがちですが、ちょっと待ってください。お金を払う前に、あなたが選んだその3着を、もう一度しっかり見つめてみてください。それは、3着とも、あなたが本当に欲しいものでしょうか？

まず、計算をしてみましょう。4900円のトップス2着と、6900円のパンツ1着を買ったとすると、合計1万6700円。それが10％OFFで1万5030円になるので、確かにお得です。

でも、もともとトップスとパンツを1枚ずつ買う予定だったとしたら、1万1800円で済んだはず。お得どころか3230円も多く使わされているのです。この3230円こそムダ遣い。必要な2着だけを購入するのが正解です。

実は、この3という数字もよくできています。3品と言われると、**さほど欲しくないものでも、なんとなくもう一つ買ってしまう**……そんな覚えはありませんか？

お金を大事にする人は、割引の文字に惑わされず、必要なものだけを選びます。**「お得そう」と感じたときこそ、本当に買うべきものかを厳しくジャッジ**しましょう。

POINT

「割引」に惑わされず、本当に欲しいものだけを選ぶ

07

「たった100円ならいいか」と思うのをやめる

POINT

魅力的な数字にはワケがある

物の値段を安く感じさせる手法に、分割した金額を表示するものがあります。

「支払い金額は1日あたり１００円です」と聞くと、それならいいかと思うかもしれません。でも、ひと月では３０００円、1年だと3万６５００円にもなります。

また、通販番組でよく使われる表現が、「1回当たりわずか４０００円のお支払い」というもの。でもよく見ると、24回払いという文字が書いてあります。利子などを考えず単純に計算するだけでも９万６０００円を支払うことになるのです。

どちらの例も、最初から万単位の金額を言われるとハッとするはずです。「これではとても手が出ない」と思うかもしれません。ところが、いかにも手ごろそうな金額を言われると、そこで思考停止してしまうのです。私たちは、**数字を聞くと強いインパクトを受けます。**例えば、「購入した90％の人が満足しています」と言われると、すごいと感じてしまいますが、１００人のうちの90人でも、10人のうちの９人でも、計算上は同じ90％です。

数字は信用できそうで、実は曖昧なもの。もし、こういったフレーズを聞いたなら、必ず「本当はいくら払うことになるのか」「数字に惑わされていないか」を、冷静に考える癖をつけましょう。

08

ポイントを長期間貯めるのはやめる

POINT

ポイントを値引きに使えば、手元にもっとお金が残るようになる

店頭での買い物につくポイントをはじめ、ネット通販、電子マネーのポイントなど、日々たくさんのポイントが貯まります。「貯めるなと言われても……」と思いますよね。

では、どうするのか？　**ポイントがついたら、次の買い物で値引きに使いましょう。**

お金を貯めることが上手な人は、まず、「手元のお金をいかに残すか」を考えます。ですから、数百円程度の、支払いに抵抗を感じないような少額の買い物でも、できるだけ現金を減らさないようにするのです。

でも、多くの人は、ポイントは貯めてから使おうと考えがちです。そして、貯めれば貯めるほど、「せっかくなら高いものを買おう」と考えはじめます。

そもそも、ポイント制度は、あくまでその企業独自で行っているサービスです。馴染みの通販サイトにしばらくログインしないうちに、制度が変わっていたり、貯まったポイントを使える期限が過ぎていた、という経験がある方は多いのです。

ネット通販や家電量販店のポイントは、次回の買い物から使えます。「せっかく貯めたのに……（涙）」とならないよう、すぐに使いましょう。

少額の値引きでは、お得感は少ないかもしれませんが、実際には、大きな金額を浮かせていることになるのです。

09

マイルのための カード払いをやめる

ＡＮＡやＪＡＬのカードで支払いを行うと、マイルがたまり、航空券に引き換えられます。だからといって、せっせとクレジット払いをしている人は、注意が必要です。

例えば、東京・沖縄間を往復するのには1万8000マイルが必要です（レギュラーシーズンの利用）。でも、マイルには期限があるので、3年間でこれだけのマイルを貯める必要があるのです。年間6000マイルを貯めるには120万円分（※）、つまり、毎月10万円もクレジットカードでの買い物が必要になるのです。

実際にはボーナスマイル加算などの制度もあり、支払い金額がそれよりも少額になる場合はあります。しかし、**クレジットカードはお金を使っている感覚が薄く、使い過ぎを招きがちなツール**です。マイルを貯めたいからと、なんでもかんでもカードで買い続ければ、**自分の想定以上の金額を使ってしまう**ことが多くなります。毎月の代金引き落とし日は、気が気でないということにも……。

カードで買った多額の支払いを、マイルがもらえるからと正当化してはいけません。

今は、ＬＣＣなどの格安航空やお得なツアーも豊富な時代。お金を使うより頭を使えば、安く旅に出る方法がいろいろと見つかるはずです。

POINT

使い過ぎをマイルで正当化してはダメ

※ANA/VISA一般カード、移行手数料無料の5マイルコース、0.5%の還元率で計算

10

バーゲンで50%オフの服に飛びつくのをやめる

うなぎでも食べようとお店に入ったあなた。並980円と上1500円のうな丼があった場合、どちらを選びますか？「そんなにぜいたくはできないから並にする」という人が多いのではないでしょうか。

ところが、選択肢に特上2300円のうな重が増えたとします。するとなぜか、真ん中の価格帯である上1500円を選ぶ人が増えるのです。1500円という金額は、はじめと同じはずなのに不思議です。これは「行動経済学」でよく取り上げられる事例で、**人間は、価格を絶対値ではなく相対的に判断する傾向がある**のです。

バーゲンでも同じです。3万円の値札のついた服に「50%OFFで1万5000円」と書かれていたら、「すごくお得！」だと思ってしまいます。でも、はじめから1万5000円で売られていたとしたら自分はこの服を買うだろうか？　と想像してみましょう。

大事なのは「値下げされている」ことではなく、**「1万5000円は妥当な値段か」**ということ。もし迷うのなら、**服そのものよりも「50%OFF」のほうに魅力を感じただけ**だとわかるはずです。

また、**自分にとっての1万5000円の価値を考えてみる**といいでしょう。簡単に使える金額ではないと思うのなら、そのまま買わずに店を出ることをおすすめします。

POINT

「もともとその値段でも欲しいか？」を考えれば答えが出る

11

ICカードのオートチャージをやめる

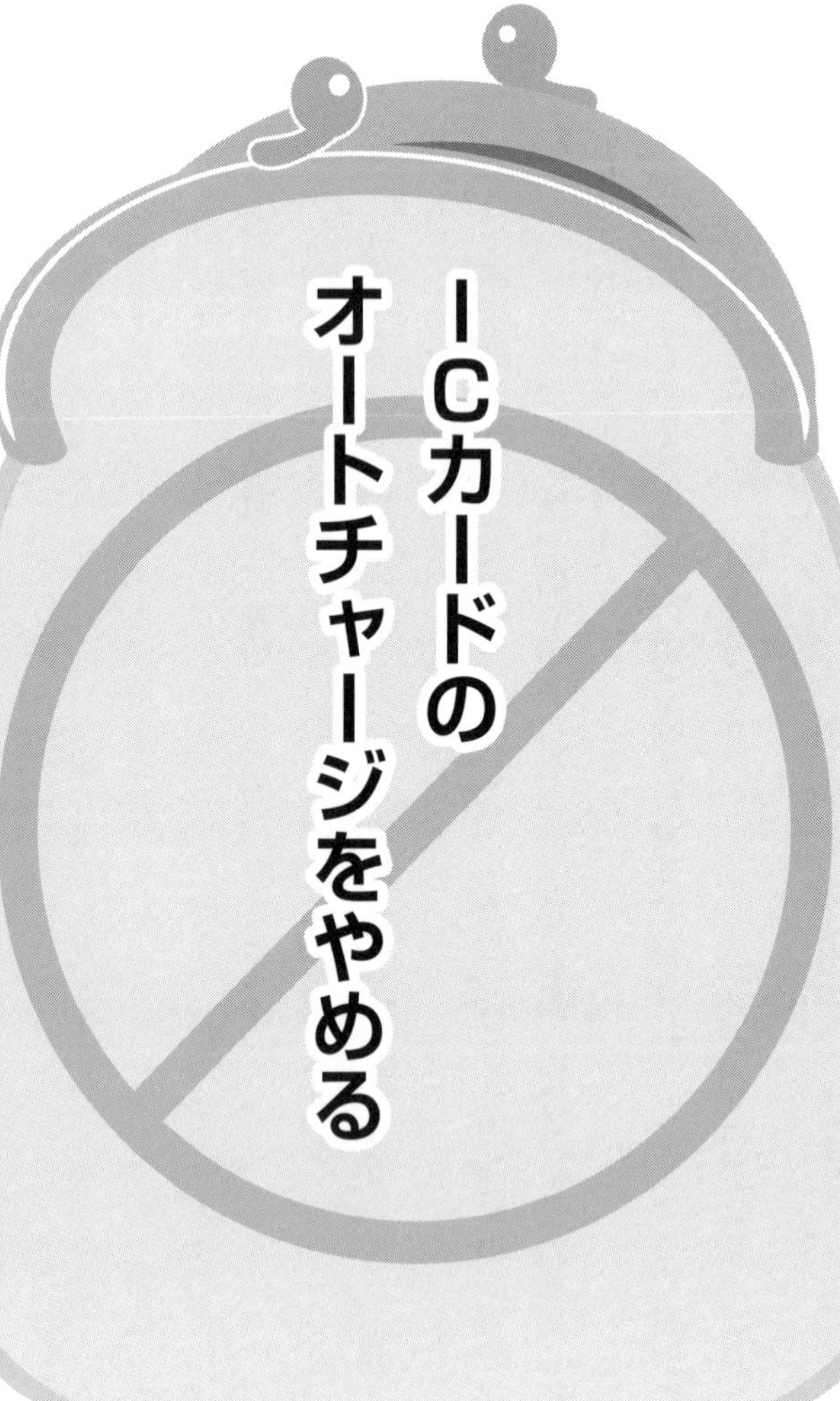

POINT

オートチャージは、無意識の「オート借金」

通勤などでSuicaやPASMOなどの交通系ICカードを毎日使っている人は、カードへの入金（チャージ）はどうしていますか？　現金でチャージ？　それともオートチャージ（一定の残金以下になったら自動でチャージされる仕組み）ですか？

もし、お金を貯めたいと思うのなら、**オートチャージは即刻停止**しましょう。

オートチャージの設定ができるのは、SuicaやPASMOと連携できるクレジットカードを持っているか、クレジットカードと一体型になっているICカードに限られます。つまり、オートチャージされるお金は、その都度クレジットカードで払っているのです。

通常のクレジット払いならカードを使う際に「いくらで何を何回払いで買った」という行動の記憶が残ります。でも、オートチャージは勝手に入金されてしまうので、**いつクレジットを使ったかの記憶は残りません**。減ったらお金が補充されるということは、裏返せば**カード会社から無限にお金を借り続けている**ことを意味します。

借りたお金は、当然、カードの利用明細に合計金額で請求されてきます。いつ何のために借りたか覚えのない借金を返し続けるなんて、とても虚しいお金の使い方だと思いませんか？　**「チャージは現金で」**これが鉄則です。

12

テレビ通販番組に すぐ電話するのをやめる

テレビ通販を見ていると、最後にこんなお決まりのフレーズが流れます。「今から30分以内にお電話いただいた方だけに特別サービス」「特別割引で購入できます」「おまけが○品付きます」「もう一台がセットになります」など。「今だけ」と言われると、つい慌ててしまいますよね。

でも、これは**時間を限定することで衝動買いを誘う手法**です。

ダイエット器具や便利家電などは、あればいいけどなくてもいいもの。ですから、自分にとってお金を払ってもいいものかを、じっくり考える時間を与えないようにする。それが、「今だけ」のフレーズなのです。

今は一つの商品がテレビ通販だけで売られている時代ではありません。インターネットで検索してみると、楽天市場やYahoo!ショッピングなど、様々な通販サイトでも取り扱っているはずです。しかも、**ほとんどの場合「今だけ」のサービス価格と大差ありません。**

もし、テレビ通販で気になる商品があった場合は、一度インターネットで検索してみましょう。普段あなたが使っている通販サイトで購入できれば、ポイントを使って、その特別価格よりもさらに安く買えることだってありえます。

「今だけ」の値段に惑わされず、後悔しない買い物をしましょう。

POINT

「時間を限定されてする買い物」は後悔のもと

13

食べ放題の元を取ろうと頑張るのはやめる

「おかわり自由」「替え玉無料」「デザート食べ放題」……。こうしたフレーズを聞くと、つい舞い上がってしまいます。これを売りにしたお店に行くと、とにかく2回はおかわりしなきゃもったいない！　と思うのが人の常です。でも、もったいないと思うくらいなら、はじめからそのお店を選ばない方がいいかもしれません。

なぜならそういったお店では、最初から**ある程度の回数のおかわりを織り込んだうえで利益が出るよう価格設定している**からです。たとえ利益が少なくなっても、こうしたサービスをうたえば集客のためのPRにもなりますから、お店にとって損はないのです。

また、**うたい文句に誘われて代金を支払った時点で、私たちの目的は食事の内容そのものよりも元を取ることにすり替わってしまいます。**いつしか、〝おいしい食事を楽しむための使い方〟ではなくなってしまうのです。

昔、取材先でこんな話を聞きました。「もったいないと思って食べ過ぎた挙句、増えた体重をなんとか減らそうと、ダイエット食品を買ったりスポーツジムに行ったり。得したつもりでいるけれど、そっちのほうがよっぽどお金がかかりますよ」。まさに、納得できる言葉ではないでしょうか。

POINT

私たちが食べられる量はすでに価格に織り込み済み

14

リボ払いは即刻やめる

絶対にやってはいけないと言われる「リボ払い」。通常の分割払いと大きく異なるのは、いくら買っても毎月支払う（返済する）金額が変わらない点です。

クレジットで買い物をすると、利用明細を見て「こんなに使ってしまった」と気づけます。でも、どれだけ使っても毎月支払う金額が一定だとどうでしょう。一括払いでは絶対に買えない金額のものも平気で買えてしまうのです。

また、自分が使った金額のうち、**今いくら返済していて、いつまで支払えばいいのかが、まるで見えなくなってしまいます。**リボ払いを使用している人は、一括で返済するといくらになるのかをカード会社に問い合わせて下さい。それがあなたの「借金総額」です。貯蓄を崩して返せる金額なら、**即刻返済してリボ払いを終わらせましょう。**

リボ払いには特典があったり、ポイントが増えるキャンペーンがあったりします。これは、リボ払いがカード会社にとって、特典やキャンペーンの元をすぐに取り戻せる美味しい仕組みだからです。リボ払いの手数料は大手カード会社で年率15％。住宅ローンの変動金利が1％を切っているご時世に、その15倍以上の手数料を稼げるわけです。これほど儲かる商売はありません。カード払いをするのなら、**なるべく1回払いで、分割払いをするのなら手数料がかからない2回まで、**と覚えておきましょう。

POINT

カード会社がアピールするのは、自分たちにメリットがあるから

15

「送料無料になるまで買う」をやめる

ネット通販で買い物をして、いざ支払いの画面になると、「あと○○○円買うと送料無料！」の表示が出てきます。「せっかくだからこの金額になるまで買おう」と、買い物を続けてしまう人が多いのではないでしょうか？

でもそれは、使わなくてもよかったお金かもしれません。

もし、次回この表示を見たら、さらに会計手続き画面を進めて、送料がいくらかかるのか、実際の金額を確かめてみましょう。

そもそも「送料を無料にするための残額」は、かかる送料より安くなければ意味がないですよね。でも、その比較をしている人は少ないのではないでしょうか？

例えば、ネット通販で、ある商品の送料が７００円だったとしましょう。この送料７００円を節約するために買い物を続けるとすれば、この金額以上のものを買うと損してしまいます。それを認識せずに「送料を無料にするための残額」分の商品を探すことは、もっと高い出費に繋がってしまいます。**ムダを抑えようと工夫したつもりが、逆にムダ遣いになっている。**これが、貯まらない人のパターンです。

数字合わせのための買い物ほどムダな出費はありません。潔く送料を払う方が、結果的に安く済むのです。

無料にこだわって買い物をするとムダなお金が出ていく

16

金利が高い定期預金を探すのはやめる

金利に振り回されず、じっくり預金を育てるほうが勝ち

ボーナス時期になると、「金利０・４％！」といった定期預金の広告をよく目にします。大手都市銀行の1年ものの定期預金の金利は大体０・０２％（1年満期）ですから、比較するとかなりの高金利になります。元本割れもなく、預けたくなる気持ちはわかります。

こうした高めの金利は、銀行が新しいお客や預金を集めるための打ち上げ花火です。そのため、新たに入金するお金でないと高金利定期の対象になりません。さらに、満期が来たらその後は通常の０・０２％程度の金利に戻るか、普通預金に払い出されてしまいます。一度口座をつくってしまうと、満期が来たからといって全額下ろすのは面倒なもの。また、別の銀行で金利のいいキャンペーンを見けるとそこでも新しく口座をつくって……、とむやみに少額の預金ばかりが増え、預金ジプシー状態になってしまいます。

利息は、元本が多いほど大きくなります。少ない金額しか入っていない預金口座をあちこちにつくっても、利息が少なくなるだけです。今、使わないお金が手元に１０００万円以上ある人ならば、確かにメリットがあります。でも、預ける金額が10～20万円単位の場合には、ほとんど差はありません。

金利の差に振り回されず、**貯蓄先の銀行を一旦決めたら預金を集中させる**ほうが、結局お金も大きく育つのです。

17

「お金の無料セミナー」に行くのをやめる

お金の使い方や保険の見直しをするために、どこかに相談しようと考えたとき、まずしがちな行動が「無料相談」や「無料セミナー」に参加することです。

でも、これら無料セミナーには行かない方が賢明です。なぜなら、**「無料」で行われているもののほとんどは、企業の〝撒き餌〟**だからです。そこに足を踏み入れた瞬間に、「顧客候補」になってしまいます。**商品の良し悪しを自分で判断できる自信がない人は、行ってはいけない**のです。

こういったセミナーでは参加者に飲み物やお茶菓子が出る場合も多く、そこに会場費やセミナー講師への謝礼を併せ、主催者には多くの経費がかかります。そこに旨味がなければ、とても開催できるものではありません。

例えば、「家計相談セミナー」では、今の保険は払い過ぎだと見直しをすすめられます。そして、主催者が扱う〝お得な保険〟の説明があるでしょう。**参加者が保険に入ってくれれば、「無料」の元は十分取れる**のです。いわゆる「保険ショップ」も無料で保険診断をしてくれますが、保険会社から販売手数料が払われているのは周知の事実です。

日本FP協会などが実施している企業の紐付けがない無料相談もありますが、やはりお金をかけずに受けられるサービスは、ほんの入口までと認識しましょう。

「無料」の・ウラにある理由を考えてみよう

18

「祝い金」が出る保険に入るのをやめる

「祝い金」は自分の払った保険料から出ているだけ

「健康祝い金」がもらえることをうたった医療保険があります。加入してから一定期間、入院をせず保険金を請求しなかった人に「祝い金」が払われるというもの。一瞬お得な仕組みに見えますが、果たしてそうでしょうか。

30歳の女性で、入院すると1日1万円、手術のとき20万円の給付金が出るという医療保険（10年更新）のうち、2タイプを比較してみました。祝い金がないシンプルタイプは毎月の保険料が２７２０円。10年後に10万円の祝い金がもらえる総合保障タイプは毎月４４７５円。総合保障タイプには、がん診断一時給付金や死亡保険金もついているとはいえ、毎月１７５５円の差があります。10年間支払えば21万円もの差が出ることに。

21万円多く保険料を払って、祝い金としてもらえるのは10万円。何のことはなく、**保険料を多く払った中から、祝い金が出ているだけ**で、決して得しているわけではありません。当然ながら健康祝い金は病気で入院し保険を請求するともらえなくなります。保険を祝い金なしのシンプルタイプにして、浮いた１７５５円を毎月貯めたほうが、健康状態にかかわらずお金が手元に残ります。

保険料と保障の関係は損得だけでは測れませんが、少なくとも、**貯蓄目的で保険に入るのは失敗のもと。**毎月払う保険料こそ、なるべく安く抑えましょう。

19

「低金利だから頭金なしでも家が買える」と考えるのはやめる

住宅ローンは史上最低金利です。「今のうちに家を買いましょう」というセールストークが巷にあふれています。もし毎月10万円返済するとして35年ローンを組むと、頭金なしで３２１４万円も借りることができます（金利１・６％の設定でフラット35の場合でシミュレーション）。マイホームの夢は膨らみますが、あせりは禁物です。

「契約は低金利のうちに。そろそろ金利が上がりそうです」「今なら国の優遇制度も使えます」「頭金がなくてもローンは組めます」こんな言葉を聞いて、家の購入を検討しはじめる人は、たぶんこれまで準備をしてこなかった人。頭金がない人は特に危険です。物件価格いっぱいのローンを組むことになり、返済しながらお金を貯めることが難しくなるからです。さらに、購入にはローン以外に、手続きなどにかかる諸費用（物件価格の５～10％程度）も必要ですし、新しい家具や家電の買い替えなど、もっとお金はかかります。

家は30～35年もの長い期間返済が続く一生の買い物。**いくらの物件が買えるかではなく、いくらのローンなら返していけるか**を考えましょう。フラット35や銀行のサイトにあるシミュレーターなどで試算ができます。そのうえで、物件価格の１～２割の頭金を用意したいもの（親からの贈与制度も利用できます）。**家を買う時期を決めるのは、国でも銀行でもなく、あなた自身**です。そのためにも、今あるお金を守り、育てましょう。

POINT

ローンを返しながらお金も貯められる、と思えないなら延期しよう

20

割引クーポンにつられるのをやめる

「得する権利」への執着を捨てよう

次回の買い物にと、お店でもらえる割引クーポン。定価より割引になるのだから、これは間違いなくお得だと思いますよね。でも、クーポンにはある落とし穴があるのです。

割引クーポンは、たいてい使える期間が決まっています。誕生日月に使えるクーポン、発行してから1か月間有効のクーポン……。この**期限こそ「落とし穴」**なのです。

私たちは使用期限が迫ってくると、特に買いたいものがない場合でも、「もったいないから、何か買おう！」と考えてしまいがちです。いつしか、クーポンを使うことが買い物の目的にすり替わってしまいます。**手元にある「得する権利」を手放したくない**あまり、「得とは言えない」出費をしてしまうのです。まったく人の心理とは不思議です。

そもそもクーポンは、「買う」という〝お金を使う行為〟があってはじめて生かせるもの。本当に必要なものに使うのならば、もちろんメリットはあります。しかし、**〝クーポンを使う〟ための出費は、単なるムダ遣い**です。「欲しいものがないなら、クーポンは使わなくてもいい」。この感覚こそ、身に付けなくてはなりません。

「割引クーポンをもらうたびに使っているかも……」という人は、今手元にあるクーポンをすべてに処分し、今後はもらわないようにしましょう。そうするだけで、不要な買い物を減らせるはずです。

第2章

お金引き寄せ体質になるために「はじめる」習慣20

お金の貯め方は、とてもシンプルなものです。
でも、貯められない人が多いのは、
自分でハードルを上げてしまっているからかもしれません。
一つひとつ、簡単なことからはじめて、
「自然にお金が貯まる仕組み」をつくりましょう。

01 自分の「お金の使い方」と真剣に向き合う

お金が「貯まらない人」と「貯まる人」、その違いはどこにあるのでしょうか。

貯め上手な人は、もれなく先取り貯蓄をしています。収入から貯蓄する額を先に取り分け、残りのお金の範囲で生活費を収める。収めることができるかどうかが、貯まる人になる道への分岐点です。これにはちょっとしたコツがあります。

◎**先取りで積み立てする額は、少額からはじめる**

◎**1日に使えるお金の範囲で買い物する癖をつける**

◎**「あといくら使えるか」を意識する**

◎**予定外の出費に備えるための「予備費」をつくる**

◎**自由に使える〝楽しみ〟のためのお金をキープする**

なかでも大事なことは、**使えるお金の数字をしっかり脳に認識させる**ことです。この範囲で使うと決めれば、財布を開く前に真剣に考えるようになります。この値段を払ってもいいのか、本当にこれが必要なのかと、これまで以上に悩むことでしょう。やがて**自分なりの適正金額や判断基準が出来上がります。**すると、むやみな浪費はしなくなり、後悔する買い物も減ってくるでしょう。

貯めるために、**まず使い方と向き合うことからスタート**しましょう。

自分の価値観をつくることが貯蓄への近道

02

5000円からのプチ積み立てをする

「積み立てする額は、収入の10％を目安に」と、一般的に言われています。月20万円の収入なら2万円、50万円の収入なら5万円になりますが、同じ10％でも20万円の人にとっての2万円は、かなり負担になります。こうした目安は参考程度にして、**「いくらなら毎月無理せず続けられるか」**という金額を考えてみましょう。

いまの時点で貯蓄がない人なら、金額のハードルを大きく下げてもいいと思います。例えば、飲み会やレジャーなど、楽しみのために使っているお金を1～2回我慢すれば捻《ねん》出《しゅつ》できる金額、これを目安にしてみるといいかもしれません。

積み立てと言うと、きりよく1万円単位で考えがちですが、大手銀行にも1000円単位で定期預金がつくれるところがあります。毎月8000円ずつでもいいし、1万円に少し足して1万3000円にしてもいい。**1万円単位にこだわらず金額を決めてみましょう。**

例えば、これまで積み立てが続かず自信がない人は、5000円からスタートしてみるのはどうでしょうか。5000円でも、2か月続けば1万円が手元に残ります。1年続ければ6万円に、15年続ければ90万円にもなります。給料をもらったら、すぐに5000円を取り分けて、あとは次の給料日まで忘れてしまうのがいちばん。きっと給料日ごとの儀式が楽しくなってきますよ。

POINT

積み立ては1万円以下の端数からでもOK

03

生活費はちょこちょこではなく一度に下ろす

積み立て用のお金を取り分けた後にするのは、今月、**使えるお金をすべて引き出す**こと。通帳の記載された数字を見ているだけでは実感がわきませんが、お札にして実際に目にすることで、視覚を通じて脳にイメージが刻まれます。

また、お財布にお金が無くなったからと、銀行口座からちょこちょこ生活費を下ろしていては、結局全部でいくら使っているのかもわかりません。気づいたら、まだ給料日まで日があるのに残高１０００円……。それでは困りますよね。そうならないためにも、**毎月の給料日に、一度にお金を下ろしてしまいましょう。**

給料から引き落としになる**家賃や公共料金、保険料や積み立て分の金額を引き、残りの金額を給与口座から下ろします。**そのお金が、今月あなたが生活費として使える全額です。

「これしか使えない」と思うのか、「こんなに使える」と思うのか……。現実を見たくないかもしれませんが、いわばダイエットをはじめるにあたり、まず体重計に乗るのと同じです。ここからお金のダイエットもスタートしましょう。

お金を下ろすときに、３万円分程度を両替機で千円札に替えておくと、次の項目から解説するお金の管理がスムーズに進みます。

POINT

自分が使えるお金の全額を「現物化」しよう

04

生活費の予算立てをし、必ず「予備費」をつくる

下ろしてきた生活費を使い道別に配分し、使える「枠」を決めましょう。この作業を**「予算立て」**と言います。

使い道の項目は、**①食費②日用雑費③レジャー・交際費④被服費（女性は美容費など含む）⑤その他（医療費や趣味に使う①〜④に当てはまらないお金）**などが一般的です。食費と日用雑費は一緒に買うことも多いので、項目をまとめてもいいでしょう。

分ける項目は、もうひとつあります。それは**「予備費」**。いわば「家計のあんしん料」で、予算が次の給料日までにどうしても足りなくなったときや予定外の出費に使う、言わば保険です。**予備費のある・なしが、黒字と赤字の分かれ目**と言ってもいいほどです。

では配分をスタートしましょう。「食費は収入の○％に」と、目安を出す方法もありますが、金額に端数が出てしまうので、実際のお札で分けましょう。仮に、下ろしたお金が8〜10万円だった場合、まず、予備費として1万円取り分け、①〜⑤の項目にも1万円ずつ分けると、6万円分の配分ができます。食費や交際費はこれでは足りないので、1万円ずつプラスすると、8万円分が分けられたことに。結果は、食費2万円、日用雑費1万円、レジャー・交際費2万円、被服費1万円、その他1万円、予備費1万円となりました。これをベースに、金額を調整します。

5項目＋予備費で分けると考えやすい

05

自分の「お金のかけどころ」を再配分しながら知る

POINT

「予算」の範囲で使いたいお金を使おう

前項目で予算立てした金額は、家計診断などで見かけるベーシックな数字です。お金のかけどころは人それぞれなので、自分の生活に即した金額に調整してみましょう。有機野菜にこだわりたいから食費は3万円必要という人もいれば、趣味のお金を増やしたいという人もいるでしょう。1万円単位ではなく1000円単位の予算立てでもいいのです。

再配分していると使うお金の優先順位が見えてくるので、「自分にとってお金をかけたいのはこの部分なのか」と気づきます。**かけたいところにお金をかけられると、同じ消費でも満足感が違います。**そして、**こだわりがない部分の我慢は、あまり辛くない**のです。あとは、それぞれの予算からはみ出さないように使えばいいだけ。どうしても収まらなかったら、その月は予備費から不足分を出しましょう。翌月からは**足りなかった費目の予算を増やし、増やした分の金額は、余裕があった別の費目を減らして調整**します。

分けた予算を封筒に入れて管理する「袋わけ」術も、使えるお金がいくら残っているかがわかる効果的な方法。次の給料日前には、これらの封筒に残ったお金を集めて余りを貯める袋にまとめておけば、バーゲンシーズンの買い物代に充てることもできますね。

ただし、結婚や出産祝いが多い世代なら、その費用のためにも「予備費」の余りだけは、さらに別の袋にまとめておくことを強くおすすめします。

06

カード払いはなるべく「固定費」だけにする

財布に必ず一枚は入っているクレジットカード。あるクレジットカード会社の調査（※）によると、20代未婚者の場合、月平均生活費13・5万円のうち約3・4万円をカード払いにしているそうです。

クレジットカードは使うメリットもありますが、**貯蓄を優先するなら今は封印**しましょう。現金で管理している予算を使い切っていた場合でも、カード払いなら買えてしまうため、その月は**事実上の赤字**になります。しかもカード代金が口座から引き落とされると、さらに現金が足りなくなるので、またカードを使う……負のスパイラルが続いてしまいます。ぜいたく品を買うのではなく、**「食費用の現金が足りずに使ったカード払い」がきっかけで、常に借り入れ状態が続いてしまう**ことは、ごく普通にある例なのです。

〝自分が使えるお金〟の総額が決まっていて、しかも今は貯蓄がないという状態では、**一度生まれた赤字はなかなか消せない**ことをしっかり覚えておいて下さい。

もし、特典利用などでカードを使ってしまった場合は、その月の予算から代金分を引いて、引き落とし口座に入金してしまいましょう。

カード払いにするのなら、光熱費や通信費、税金などの固定費に。使い過ぎることもありませんし、ポイントを貯めるのにも、細々した買い物よりずっと効率的です。

POINT

赤字になっていることに気づきにくいカード払いはしない

※JCB調査「クレジットカードに関する総合調査/2014年度版」より

07

1日に使える食費を計算する

POINT

日々使うお金は全額財布に入れず買い過ぎ防止

「食費」は家計管理の王道です。雑誌やテレビの「食費節約」特集はいつでも大人気。驚きのテクニックを披露する達人が登場します。そこでよく出てくるワードが「週予算」。例えば、４人家族の食費の予算を１週間５０００円とし、４週間なら月２万円。これにお米や調味料代をプラスして食費は月２万５０００円、という計算です。

ただ、週予算をそのまま財布に入れてしまうのは危険です。まとまった金額が財布に入っていると、どうしても気持ちに余裕が出て最初に使い過ぎてしまいます。まず、**ひと月分の食費を日数で割って１日に使える食費がいくらかを計算**し、その数字を頭に入れておきましょう。例えば、月の食費予算が３万円だとすると、30日の月なら１日１０００円、１週間で７０００円になります。

次に、買い物に行くペースによって財布に入れる金額を決めましょう。

毎日行く人なら１０００円ずつ。週に３回、月・水・土曜に行く人なら、まず月曜に２日分２０００円を入れ、次に３日分の３０００円、最後に２日分の２０００円と、分けて持って行くのです。この方法なら、最初に食費を使い過ぎて週末に足りなくなるのを防げますよね。食費の予算は千円札に替えておいた方が管理しやすいので、両替機で崩しておきましょう。

08

食費は「まとめ買い」より、「予算買い」

「1パック350円、よりどり3パックだと1000円」スーパーでよく見かけるセールです。「セールに乗せられると不要なものまで買ってしまう」と前にも説明しましたね。実は、セールに乗せられてはいけないもう一つの理由があります。それは、貯められない人は、**無計画にお金を使う傾向がある**ことです。「お得そうだから」「割安だから」と**節約のために良かれと思って買っている**のですが、それは逆効果。貯蓄への道は、使えるお金の予算を守ることからスタートします。

お得に買うことよりも、自分が一日に使える金額を守ることを、まず意識してください。例えば、予算内で収めるためにキュウリ1本、ピーマン1個の単位で買い、「よりどり3パック○円」のときにも1パックだけ買います。生鮮品を大量に買っていいのは、1週間に使う量を計算し、週予算の範囲内で購入して、さらに下ごしらえや小分け保存がきちんとできる人。つまり、節約の達人レベルの人だけです。食品をパックのまま冷蔵庫に詰め込んでしまう人は、「量」で買うと、お金も食品もムダにしてしまいがちなのです。

予算内に収める意識があれば、買うものも吟味するようになりますし、使い回しがきく食材を選ぶようにもなってきます。使い切りレシピに興味がわいてきて、料理の腕もどんどん上がるはず。**食費上手な人は、貯め上手であることが多い**のです。

POINT

「1日いくら使えるか」の数字の意識を持とう

09

特典デーを スケジュールにメモする

「ポイント5倍」や「5％ＯＦＦ」になる、特典デー。買う必要があるものは、こういう特典デーを狙って行きましょう。これは、あくまでも**必要な物を安いときに購入する**という発想。割引につられて必要のないものを思わず買ってしまうのは、もちろんＮＧです。

ですから、「そろそろ洗剤がなくなりそう」という段階で、安いときを狙って買いに行くのです。**スケジュール帳に、特典デーやクーポンの有効期限**を記入しておけば、「買いに行ったら、昨日が5％ＯＦＦデーだった！」という失敗を防げます。

全国展開の大手スーパーの5％ＯＦＦデーを調べたところ、面白い傾向がわかりました。

◎イオンお客様感謝デー……20日、30日
◎イトーヨーカドーハッピーデー……8日、18日、28日（8が付く日）
◎西友……5日、20日（ほかにも不定期で実施日あり）

どこにでも入っているのが20日前後です。つまり、給料日直前です。一番財布のひもが固くなる時期に、なんとか買ってもらおうという戦略が見えてきませんか。これらは自社カードを持っている会員向けサービス。「現金はないけれど……」という消費者心理を読んでいるのです。この5％ＯＦＦ、西友以外ならカードの提示＋現金払いでも対象になるので、利用する場合はくれぐれも現金で、その日の予算の範囲で賢く利用しましょう。

POINT

よく行く店の「5％ＯＦＦ」は上手に利用を

10

商品券はしまわず財布に入れる

机の引き出しを整理していたら、商品券が眠っていたりすることはありませんか。もし見つけたら、すぐに財布に入れましょう。商品券はお札と同じです。ここぞ、というときに使うものではありません。ただし、使い方にはコツがあります。

懸賞などで当たることが多いのは「全国百貨店共通商品券」と「カード会社のギフト券」、「全国共通おこめ券」や「ビール共通券」などではないでしょうか。この中で一番使い勝手がいいのが「全国百貨店共通商品券」です。一枚の額面は１０００円ですが、これで**１０００円未満のものを買うと現金でお釣りがもらえます。**給料日前でいよいよ手元の現金が寂しくなったときには、これを使ってデパ地下で夕飯の食材を買い、お釣りをもらえば逆に現金が増えて一石二鳥です。

逆に、**カード会社のギフト券はお釣りが出ません。**おこめ券やビール券も1枚の金額が低いので、現金の足しという使い方がいいでしょう。ただ、使用先のお店によっては金券として米や酒以外の商品も買える場合があります。

ちなみに、気を付けるべきは有効期限。**ビール共通券には平成17年10月発行分から期限が明記されています。**しまい込んで期限に気づかなければ、本当にムダです。すぐにお財布に移動しましょう。

POINT

ここぞという時ではなく、普段の買い物でこそ使う

11

小銭は財布に溜めない

細かいお金は大きなお金にまとめてしまう

消費税が8%になった影響で、10円玉や5円玉、1円玉が財布の中でどんどん増えてしまいます。小銭が多いと、いくらあるのかわかりにくく、お札でつい払ってしまい、更に小銭が増えてしまう……。お金を管理しやすくするためにも、小銭を整理しましょう。

簡単にできるのはSuicaやPASMOなどの交通系電子マネーにチャージしてしまう方法です。**10円玉以上の硬貨なら、駅の券売機で入金ができます。**そのまま投入口に小銭をどんどん入れていくだけ。**Suicaは合計500円あればチャージ可能。**PASMOは券売機にあるメニューの**「金額を指定してチャージ」を選べば10円から可能**です。

また、銀行のATMを利用する方法もあります。まず、財布にある小銭全部を入金します。そのまま口座に入れっぱなしでもいいのですが、1000円以上あった場合、再度1000円だけ下ろします。この時ATMから出てくるのはもちろん千円札。これで財布の細々した小銭が千円札にまとまりました。ただし、この技ができるのは銀行内のATM。コンビニや駅構内などにあるATMでは1円単位での入出金ができません。銀行内ATMでも、15時など一定の時間が過ぎると、硬貨の取り扱いができないところもあるので、ランチや買い物に出たついでなどに寄るのがいいでしょう。

12

毎月19日には財布の中を点検する

POINT

財布がすっきりするとお金の見通しもよくなる

お金が貯まる人の財布は、いつもすっきりしています。逆に、貯まらない人の財布はレシートやポイントカード、クーポン券でパンパンです。家の冷蔵庫やクローゼットがパンパンな人は、持っている物の管理ができずムダ遣いしがちなのと同じです。

そこで、最低でも**月に1回、19日までに財布の整理をする**ようにしましょう。レシート（これは取っておきます）を取り出し、しばらく行っていない店のポイントカードは処分、サービス券や割引券も、この先使いそうにないなら処分します。

財布がすっきり整理されると、使ってもいいお金もはっきり見通せるようになります。金額を意識するようになるので、買い物にも慎重になるのです。

また、この点検をすることで、使える割引券が見つかることもあります。スーパーの特売は20日頃に行われることが多いので、せっかくなら使える割引券を19日までには探しておきたいですね。

また、クーポン券の使用期間は月末までが多いものです。期限ぎりぎりに見つけると、あわてて余計なものまで買いがちです。19日頃に気づけば、日にちの余裕も十分あるので、本当に必要なものを買うために使えますね。

13

家計簿には使ったお金より残金を書く

「貯まらない人の家計簿チェック」という記事を担当しているさいに、多くの家計簿を見てきました。この人は貯まらないだろうな、と感じる家計簿にはある共通点があります。それは、**月末にお金の収支を計算していない**ことです。ただ、使ったお金の金額を書いているだけ。ひと月が終わったところで見返しても、黒字で収まっているのか、それとも赤字なのか、いくら不足していたのかが全くわからないのです。

逆に、**お金の管理ができている人は、使ったお金と、残金まできちんと書いています。**残金を書くと、今月あといくら使えるかを意識できるので、早めに対策も取れます。

一方、家計簿に挫折する理由で最も多いのは、家計簿の数字と手元にある残金の収支が合わないこと。すると、収支を計算するのが嫌になってしまいます。家計簿の数字と残額を合わせることは、なかなか難しいのです。ですから、**金額の欄には使った金額ではなく残金の金額を書く**ようにしましょう。食費なら予算に対していくら残金があるのか、次の給料日までに予定通りの金額が残りそうなのか、もっと節約すべきなのかもわかります。週末にまとめてつけてもかまいません。食費以外の費目は、使ったときに残金を書くだけでいいでしょう。レシートさえ取っておけば、使ったお金の見直しには十分です。

POINT

「あといくら使えるか」を確認することが大事

14

レシートは捨てずマーキングする

POINT

食費に潜む「隠れ出費」をあぶりだす

お金を貯めるには、**「ひと月に使えるお金を費目で分け、予算枠内で収めるだけ」**とお伝えしましたが、収まらないとすれば**「隠れ出費」が原因**かもしれません。必要なものを買っているだけなのにお金が足りない人は、この症状があてはまるはずです。

「隠れ出費」をあぶり出すために用意するものは、1〜2週間分のレシートとマーカー、電卓です。レシートを見てみると、スーパーやコンビニ、ドラッグストアのものが多いのではないでしょうか。それぞれのレシートの内訳をみて、以下のようなものがあったらマーキングしてみてください。「コンビニスイーツ・コンビニコーヒー・買い置き用のお菓子・時間つぶしのお茶代」。これらは、「食費」の中に含まれる出費です。これらが全部悪いわけではありません。でも、**食費には「本当に必要なもの」と「自分の楽しみのためのもの」の両方が含まれているのです。**楽しみは必要ですが、もし食費の内訳の半分が「楽しみのためのもの」だったとすれば、逆に「お楽しみ費」として管理すべきですよね。マーキングしたら合計を計算してみましょう。その数字が食費の中の「隠れ出費」です。

今後は、この隠れ出費に注意してみましょう。

ただし、やりすぎは禁物。人生にはムダも必要ですから。

15

1か月に使ったお金をグラフにしてみる

給料日に使えるお金を配分して予算を守り、赤字を出すことなく無事ひと月が終わったというあなた。おめでとうございます！　貯まる生活のワンサイクル目を無事にクリアしました。このサイクルを続けていけば、先取りした積み立て分が自動的に貯まります。ですが、「この調子なら積み立て額をもっと増やせるかも」と思うには、少し早すぎます。**〝お金を使っているのにちゃんと貯まった〟安心感**を、まず味わいましょう。**お金を貯めるのは辛いことではなく、楽しいことだと感じる**ことが重要なのです。

よりよい使い方のために、ひと月終わったところで支出をグラフにしてみましょう。どんなお金を、どんなボリュームで使っているのか、支出全体の配分を〝見える化〟してみると意外な発見があるのです。現金で予算立てした各項目の金額、引き落としになっている家賃・公共料金・通信費・保険料、そして積み立て貯蓄など、給料から出ていくお金をエクセルや家計簿アプリに入力して円グラフをつくってみます。**グラフで大きな面積を占める支出からチェックしていくと、使い過ぎが発見しやすい**のです。食費より保険料にかけているお金が多い、家賃のボリュームが大きすぎるなど、支出の問題点も見えてきます。もし、固定費が総支出の半分近くを占めているのなら、その項目を見直すのも有効な方法です（第3章124ページでも紹介しています）。

POINT

お金の使い方を〝見える化〟すると削りどころも見えてくる

16

小遣いが残ったら「ごほうび積み立て」へ

独身のうちは「収入＝自由に使えるお金」という感覚が強いと思います。「小遣い」の金額を決めない人も多いでしょう。ただし、**結婚し家庭を持っている場合は必ず「小遣い」を予算に入れて下さい。**友達とのお茶やコンサート代などを家計費に紛れ込ませてしまうと、全体の支出を膨らませる原因になってしまうからです。**自分のために使うお金は「小遣い」から、と決めたほうが逆に罪悪感もなく気持ちよく使えます。**

もちろん独身の人でも「小遣い」の予算を決めてもかまいません。趣味など自由に使えるお金を「小遣い」として、さらに項目を一つ立ててもいいでしょう。

小遣いのいいところは、毎月必ず定額で出ていくわけではないこと。子供の頃に、欲しいものを買うために小遣いを残して貯めましたよね。それを大人もやってみましょう。

例えば、毎月小遣いを封筒に入れておき、使うときにそこから出します。月末に小遣いが残ればそのまま封筒に残し、翌月の小遣いをさらに入れます。これを繰り返すと、**自分のために使える「ごほうび積み立て」**が結構貯まっていたりするのです。

貯蓄生活をはじめると、「お金を使わない心理バイアス」がかかるもの。我慢ばかりでは生活そのものが味気なくなります。「ごほうび積み立て」は、まさに自分のために自由に使っていいお金。**使う喜びもしっかり味わいましょう。**

POINT

「自由に使えるお金」を決めたほうが逆にお金が残る

17

分割払いが終わったら同じ金額を積み立てに回す

もし、あなたが今、何らかの分割払いをしているなら、支払いが終わったときには、必ず**これまで払っていたのと同じ額を積み立てに回しましょう。**また、今後、手取りの収入が増えた場合も、支出ではなく貯蓄を増やしましょう。

どちらも、それまで手元になかったお金です。その金額がなくてもやりくりができていたのですから、**使うお金を増やすのではなく、積み立ての額を増やしましょう。**

これは一番ストレスが少ない方法です。もともとなかったお金として貯めてしまえばいいのです。

通っていた習いごとをやめたり、ダイエット食品の定期購入を中止したときも、貯蓄を上乗せするチャンスです。家計診断の記事では、お子さんがいる家庭なら幼稚園から小学校に上がる際に、幼稚園に払っていた保育料をそのまま積み立てにするよう、いつもお勧めしていました。

多くの家計を見ていると、収入が高いのに貯蓄額はそれほどでもないというケースはよくあります。年収1000万円あったとしても、その分出費も多ければ、収入がダウンした老後に生活費が足りなくなる危険度が高くなってしまいます。**収入が高い人も、そうでない人も、お金が貯まるかどうかの分かれ道は「使い方」**なのです。

POINT

「なかったもの」として貯めればストレスもなし

18

イベントは前月のカレンダーにメモする

親しい人の誕生日や結婚式の二次会などは、とてもめでたく喜ばしいものですが、臨時出費を伴うお金の危険信号でもあります。交際費からまかなえる範囲ならいいのですが、いつもの月予算よりオーバーしてしまうと赤字の原因になりかねません。

ギリギリの家計では、**いったん赤字が生まれると、なかなか消すことができません。**ボーナスを待つか、貯蓄を崩すしか手がないのです。「予備費」をつくっておくと頼りになりますが、こうしたイベントがあるとわかっているときは、念の為、**前月のカレンダーに「〇月〇日二次会あり」などとメモしておきましょう。**

９月20日がイベントだとしたら８月のカレンダーに書き込みます。すると８月のお金の使い方に心理的なセーブがかかり、外食のお誘いがあっても「来月お金がかかるから遠慮しておこう」という意識が生まれるのです。８月の給料日までに少しずつ節約することで、９月のイベントを、余裕をもって迎えられるでしょう。

前にもお伝えしましたが、毎月予算取りしている**「予備費」の残りは、必ず別に貯めておきましょう。**こうしたイベントや、不意の冠婚葬祭など「急な出費」に対応することができます。そして、**「毎月取り分けている積み立て分には手を付けない」**こと、**「急な支出に対応する使うための貯蓄をつくる」**こと。これができれば最強の家計になります。

POINT

不定期な出費は「心」と「お金」の二重で備える

19

ボーナスが出たら すぐ別口座に移す

ボーナスについては毎年いくつかの企業がアンケート調査を行っていますが、使い道についてはどれもほぼ同じ回答です。

1位……預貯金
2位……生活費の補てん
3位……ローン・借入金などの支払い

アンケートによっては2位と3位が入れ替わることはありますが、どちらもあまりうれしくない使い道ですね。

まとまったお金が入ってくるボーナスは、貯蓄がない、もしくは少ない人にとっては無上の喜びです。旅行にも行きたい、洋服も買いたい、美味しいものが食べたい……という気持ちはわかります。ですが、必ずはじめにやっていただきたいことがあるのです。

それは、**ボーナスを銀行口座から一度下ろして、別の口座に移すこと**です。

給与口座に入れたままだと簡単に下ろせてしまうので、気軽に使ってしまう可能性が高いのです。気づくと、「もっとあったはずなのに……」となりかねません。

ひとまず別口座に退避させて、そのあとじっくり使い方の配分を考えましょう。年に100万円を貯めている人は、ボーナスの3割は貯蓄に回していたので、参考に。

POINT

生活費と一緒にせず、大切に扱おう

20

銀行口座は3つを使い分ける

POINT

手数料や利便性でメリットが大きい銀行を使い分ける

上手にお金の管理をするには、3つの銀行を使い分けることがポイントです。

①メイン銀行＝給与振り込み、公共料金引き落としなどに利用
②サブ銀行＝振り込みなどに利便性が高い銀行
③貯蓄用銀行＝まとまった金額を預ける銀行

②の**利便性が高い銀行とは、ネット銀行**などです。他行あての振込手数料が無料なのは、住信ＳＢＩネット銀行（月3回まで）と、ソニー銀行（月1回まで）。楽天銀行も楽天スーパーポイントがたまっていれば、振込手数料として使えます（ハッピープログラム会員の場合）。ネット銀行はコンビニＡＴＭが利用できるので、ひと口座は持っておくと便利です。

③は**貯めるだけでお金を引き出さない銀行**ですが、①のメイン銀行で③の積み立て貯蓄も行っている場合は、「急な出費用貯蓄」として、もう一つつくってもいいでしょう。

意外に使い勝手がいいのが、ゆうちょ銀行。全国どこにでもある郵便局のＡＴＭで利用できるのはメリットが大きく、平日・土曜は23時55分（※）まで、日曜祝日も21時まで、手数料なしでＡＴＭから払い出しが可能です（取扱時間は店舗により異なる）。

それこそ、出張先や旅行先などで急にお金が必要になった場合にも安心です。

※ゆうちょ銀行ATMの通常貯金払い戻し時間帯は、平日・土曜日の場合、最大で0時5分～23時55分

第3章

お金の落とし穴・ムダな出費から「守る」心得15

お財布から出ていくお金のうち、
「ムダなお金を減らすこと」、
「本来かかるはずのお金の節約方法を知ること」、
この二つを実行すれば、手元にもっとお金は残ります。
少しの手間と工夫で、それは実現できるのです。

01

医療保険はムダな出費にしかならない!?

保険は必ず入らなければいけないものではありません。毎月の保険料を払うために貯蓄に回すお金がないとしたら、それはムダ出費と言っていいでしょう。

医療保険に入る理由は、「貯蓄がないのに治療費がたくさんかかったら困る」という不安ではないでしょうか。でも、**国民健康保険や勤務先の健康保険に入っている人なら「高額療養費制度」が利用できます。**これは、かかった医療費のうち自己負担額はここまで、という上限額を設けている制度です。その人の所得ごとに上限額は異なり、もし月100万円の医療費がかかったとしても、年収370万円未満の人なら5万7600円だけですむのです（184ページ参照）。更に、会社員なら勤務中のケガであれば労災保険から医療費が出るので、自己負担はありません。また、会社員が病気やケガで長く仕事を休んだときには、**健保から「傷病手当金」が支給されます。連続して3日間休んだ後の4日目から最長1年6か月間まで、給料の3分の2程度がもらえます。**

このように、医療費に関する公的な保障はかなり充実していて、「民間の保険に入らないと絶対困る！」ということはないのです。医療保険すべてが全くムダとは言い切れませんが、保険には入っているけど貯蓄がないというのでは、順番が逆。**貯蓄を増やしたうえで、最小限の保険に入るのが正解**なのです。

POINT

公的制度を使えば100万円の医療費も6万円程度の負担になる

02

自分の「出費の聖域」を見つける

お金の専門家がよく使うのが、**「出費に聖域をつくらない」**という言葉。聖域とは「これは必要なお金だから仕方ない」と思考停止してしまう、アンタッチャブルな使い道のことです。例えば、将来のキャリアアップのための習いごと代、趣味に使うお金、ストレス解消のための飲み代などは、絶対に妥協できない「聖域」にあるお金かもしれません。でも、**聖域をつくってしまうと、削りたくない出費がどんどん増えてしまいます。**

とはいえ、そのお金は使う人にとっては、大事なこだわりのお金。**無理に我慢すると、逆に貯めるモチベーションまで下がってしまう**かもしれません。まずは、自分の「聖域」が何か、それがいくつあるかを自覚することからはじめてみましょう。

それは意外にまとまった金額の出費の中に潜んでいます。普段は数百円の出費にシビアでも、**「これは絶対必要だ！」と思うと、支払う金額のハードルが下がる**からです。領収書やレシートの明細を見て１０００円以上の買い物や、スケジュール帳を見直して外出先で使ったお金を思い出しましょう。つい大きなお金を使ってしまう自分の「聖域」がわかってくるでしょう。

心理的なハードルが上がり、ほかの出費と同様に財布を開く前にフラットに吟味するようになってくれば、もう「聖域」ではなくなります。

POINT

「これだけは譲れないお金」はなくしていこう

03

クローゼットの服は色ごとに並べる

POINT

持っている服が見通せるとムダ遣いは防げる

家の中で増えて困るもののトップは「洋服」だそうです。それだけお金をかけているということです。実は、**クローゼットと冷蔵庫は、お金が貯まる人かそうでないかがわかる2大スポット**と言われています。やたらにものが多く、むやみに詰め込んでいる人は、**現状認識や買い物のルールづくりができていない**場合が多いのです。もちろん、お金のコントロールもできていない傾向があります。

買い過ぎを防ぐために、まずは洋服を一度クローゼットから出しましょう。その後、スカート、パンツ、トップスなどアイテムごとにまとめ、さらに同じ系統の色を集めます。改めて眺めると、似たような服が多いことに気づくのではないでしょうか。この作業で、つい**自分が買ってしまう服の傾向がわかります。**既に持っているタイプのものがつい欲しくなってしまうことに気づくのです。人の好みはそうそう変わらないとわかりますね。

次に、何年も着ていない服や一昔前のデザインのものを処分し、**残った服を色ごとにクローゼットへ戻しましょう。**改めて見ると、「こんなに何着もあるならもうグレーのパンツはいらない」など、買わなくてもいいものがはっきりします。これで余計なものを買うお金がぐんと減らせます。

04

バーゲンに行く前に手持ちの服を撮影する

バーゲンが始まると、ついつい買い物熱が高まります。その場の雰囲気に流されて買ったものの、手持ちの服に合わなくて結局クローゼットに眠ったまま、というのはありがちな話です。着ない服を買ってしまうことは、まさにムダ出費の最たるものです。手持ちの服に合わせて着回しがきく一着を選びたいものですね。

とはいえ、手持ち服のリストが全部頭に入っているという人はなかなかいないので、もっと簡単な方法でこれを解決しましょう。バーゲンに出かける前に、**クローゼットの中を携帯のカメラでざっと撮影する**のです。靴を買おうと思っているなら、靴箱の中も撮っておくといいですね。一着一着が鮮明に映っていなくても大丈夫。自分の服なら、その写真を見ればなんとなく思い出せるのではないでしょうか。

撮影しながら、今回買い足したいアイテムを決めて携帯にメモしておくと、頭の整理ができてより有益に買い物ができるでしょう。

この方法は、洋服の買い物以外でも使えます。冷蔵庫の中や食品ストック棚を撮影してから買い物に行けば、同じものをダブって買うことを防げます。撮影のために冷蔵庫を開けるだけでも今あるものがざっくり頭に入るので、いっそう効果的です。買い過ぎだけでなく、使い忘れ防止にもなり一石二鳥ですよ。

POINT

写真が手持ちリストの代わりになってムダ買い防止に

05

空腹のときはアメを食べてから買い物にいく

これは食費節約の達人がしている方法です。夕飯の買い物に行く際には、必ずこれを実行して下さい。買い過ぎを防ぐ、シンプルかつ効果が高い方法です。

人間は空腹になると、思考力が低下します。さらに、気が短くなる。こういう状態で、食品売り場に行くとどうなるでしょうか。

まず、今日の晩御飯に必要な食材に加えて、すぐに食べられるお惣菜やデザートに目が行きます。加えて、帰ってから料理するのが億劫になり、お惣菜をいくつか買って済ませようと考えはじめるのです。

大手スーパーのお惣菜価格をチェックしてみると、値付けが実に手ごろなラインに設定されていることが分かります。大体1パックが200～300円前後で、**肉や魚を買うよりは安く、手を出しすい価格帯**になっているのです。198円、298円くらいならと、ついついカゴに入れてしまい、いざレジで金額を聞くと想定していた金額よりもはるかに多いという事態になりがちです。

こういった失敗を防ぐ方法として、**買い物に行く前にアメを一つ、もしくはチョコレートひとかけらを、口に入れてから出かけましょう。**これだけでも、ずいぶん頭がすっきりして冷静に買い物ができるようになります。

空腹は判断を鈍らせ、かつ買い過ぎを招く

06

スーパーに行く前に
コンビニに寄る

POINT

少人数向けの買い物ならコンビニに軍配

「コンビニはお菓子や飲み物を買うところで食品は高い」と思っているとすれば、それは昔の常識です。現在のコンビニは大手流通の傘下にあるため、セブンイレブンは「セブンプレミアム」、ローソンは「ローソンセレクト」、ミニストップは「トップバリュ」を販売、さらにファミリーマートは「ファミリーマートコレクション」と、**独自のＰＢ（プライベートブランド）商品を展開しています。**ＰＢ商品は値段が手ごろなうえに、品質面でもしっかり管理されています。商品ラインナップも飲料や調味料、レトルト食品のほか、洗剤などの日用品まで幅広く揃っています。レトルト食品などはスーパーよりも分量が少ない場合もありますが、**少人数の家庭にとってはムダを出さずに済むメリットもあります。**

野菜や冷凍食品も少人数用の使い切りサイズで販売され、価格も抑え目です。ちょっとだけ欲しい野菜を買うのなら、スーパーで大サイズを買うよりもコンビニの方が財布から出すお金を減らせます。

さらに、店頭で調理しているお惣菜は、から揚げやコロッケなど揚げ物が多いのですが、１パック１００円台とかなりお手ごろ価格。コロッケ４枚で１００円と破格の値段も。お惣菜を購入したい場合、スーパーへ行く前に一度コンビニに立ち寄りましょう。今や、コンビニは便利さだけでなく、安さでも重宝される存在です。

07

冷蔵庫は「ゾーニング」で整理する

POINT

棚ごとに収納するルールを決めると買い過ぎが防げる

食費を抑える秘訣は、**適量を買って使い切ること。**いくら安く買ってもむやみに冷蔵庫に押し込んでしまい、奥から発見したときにはすでに期限切れでは、お金を捨てたことにしかなりません。これを防ぐには、**冷蔵庫の棚を「ゾーンニング」する**のがおすすめ。「ゾーンニング」とは、**冷蔵庫の棚ごとに、入れるもののルールを決める**ことです。ルールは自由。ただし、目につきやすい場所は「ゴールデンゾーン」なので、豆腐など早く食べきりたい期限が短いものや、お惣菜の残りを保存する場所にするとよいでしょう。封を切った食品は、１００円ショップで売っているカゴにまとめてから冷蔵庫に入れると、奥の方に紛れてしまうこともありません。逆に、手が届きにくい上の段は、賞味期限をあまりに気にしなくていい梅干しなどの保存食や、缶ビールなどを収納してもいいですね。

棚ごとに入っているものが決まると、冷蔵庫に何があるかが一目で把握できるようになります。すると買い足すものがわかりやすくなり、使い忘れ、食べ忘れも減らせます。なんといっても、冷蔵庫がいっぱいで何がどこに入っているかわからない！　というストレスから解放される喜びは大きいのです。

そもそも**整理できないほどの量を買ってはいけません。**棚に収まり、かつ見通せるだけの量を心がけましょう。

08

消費税分はポイントで支払う

消費税8%になって以降、1円2円が足りないために千円札を崩すことが増えました。お札は崩して小銭になった瞬間、使うハードルがぐんと下がってしまいます。もし、コンビニやスーパーでそんな場面に遭遇したら、**貯まっているポイントを使いましょう。**

コンビニで使えるのは、**Tポイント（ファミリーマート）やPonta（ローソン）、楽天スーパーポイント（サークルK・サンクス。Rポイントカード経由で使用）などの「共通ポイント」。**買い物をしたときにカードを提示すれば100～200円につき1ポイント貯まります。このポイントは1円として使えるので、レジで「消費税分はポイントを使ってください」と言えばそれで支払え、財布の小銭を増やさずに済みます（※）。セブンイレブンは共通ポイントではなく電子マネーのnanacoで支払うと、100円につき1ポイント貯まり、それを電子マネーに交換して使えるので、同じように端数の支払いに使うといいでしょう。ミニストップで使えるWAONも電子マネー。200円の支払いで1ポイントがつき、同様に電子マネーに替えて使えます。

スーパーにも独自のポイント制度があるので、同様に使うといいでしょう。

少額のポイントはなかなか使いにくいもの。消費税の支払いに使うと有効活用できるうえに財布のお金をむやみに崩さずに済むという、一石二鳥のワザです。

POINT

「共通ポイント」が貯まれば支払いに使える

※ポイントを使える単位が決まっている場合もある

09

少しだけ必要な食品は100円ショップで買う

POINT

普段使いから旅行先まで１００円ショップでムダ出費を減らす

１００円ショップは、家計のよろずお助けショップ。得に最近は食品の品ぞろえに力を入れているので、食費節約になくてはならない存在です。

ただし、買い方にはコツがあります。スーパーで売っているものに比べ、１００円ショップの商品は少量タイプになっているものが多いので、逆に、**少量でいいハーブやスパイス、珍しい調味料などが必要なとき**に利用しましょう。ジュースなどのペットボトル飲料、缶コーヒーも１００円ですから、自動販売機で買うより安く買えます。ダイソーでは飲みきりサイズのワインを１００円で売る店舗まであるそうです。

また、旅行先で飲みものやお菓子を買うときも、コンビニではなく１００円ショップへ行きましょう。特に地方の１００円ショップは大型店舗も多く、実用品から食品まで、**小さなスーパー並みの品揃えがあり、コンビニよりもずっと安く済ませられます。**お土産を買い過ぎたら１００円ショップで予備のトートバッグや保冷バッグを買えばいいし、携帯の充電器も手に入ります。旅先で困ったときは「とりあえず１００円ショップへ」と覚えておきましょう。また、ご当地ならではのものが買えることもあります。私は沖縄の塩を愛用しているのですが、東京で買うと３００円近くするものが現地の１００円ショップに並んでいた時は感激しました。侮《あなど》りがたし１００円ショップ、ですね。

10

ネットショッピングは
ポイントモールを経由する

ネットショッピングをする場合、あなたは直接そのサイトにアクセスし、購入していますか？　だとすれば、それはもったいない買い方。ぜひ「ポイントモール」を経由して買いましょう。

ポイントモールとは、**カード会社などが運営する「いろいろなショップへの入り口」を集めたサイト**のこと。例えば、クレディセゾンが運営するサイト「永久不滅.com」を経由したうえで、自分が利用している通販サイト（楽天市場やAmazonなど）に入って購入すれば、通常よりポイントが上乗せになるのです。

こうしたモールは、ＪＣＢ「Oki Dokiランド」、三井住友ＶＩＳＡカード「ポイントUPモール」、三菱ＵＦＪニコス「POINT名人.com」などカード会社運営のもの、Ｔポイント「T-MALL」、Ponta「Pontaポイントモール」など共通ポイントが運営するものがあります。**大手ショッピングサイトのほとんどがモールに参加しています。**モールを経由するだけでポイントに差が出るとなれば、使わない手はありません。

ただし、カード会社のモール経由でショッピングする場合の支払いは、その会社発行のクレジットカードでの決済が必須になります。

同じお金を払うならモール経由で！　と覚えておきましょう。

POINT

モールを経由するだけでポイントが倍増！

11

「使うための貯蓄」があれば赤字知らず

POINT

予定外の支出に備えるお金を少額でも積み立てしよう

順調に貯蓄が増えているときに、思わぬ落とし穴に遭遇することがあります。冷蔵庫とレンジがいっぺんに壊れたなどの予定外の急な出費です。家計のお金だけでやりくりできない大きな出費になると、せっかく貯めたお金を崩さざるを得なくなり、また一から積み立てスタートということに。これではいつまでたっても、大きなお金に育ちません。

それを防ぐには、**貯蓄を2種類つくります。「将来のために育てる貯蓄」と「使うための貯蓄」**です。家計の支出には毎月出ていく「生活費」と、帰省など、ある月にしか発生しない「特別支出」、また突発でかかる「想定外の支出」の3種類があります。この**「特別支出」と「想定外の支出」が赤字のタネ**になりがちです。そのために「使うための貯蓄」を備えておく必要があるのです。

そんなにいろいろ貯蓄できない、という人は**第二の貯蓄を①ボーナスの一部、②臨時収入などでつくりましょう。**

ボーナスがない人は、公共料金の引き落とし口座に残った端数を毎月下ろして別の口座に貯めておいたり、各費目の残金をまとめておいたりしたものをこれに当ててもいいでしょう。金額は毎月1000円程度でも、少しずつ貯めることで意外にまとまったお金に育ってくれます。

12

給料が振り込まれる銀行で「優遇口座」の手続きをする

POINT

ATM手数料を無料にするサービスは必ず契約！

銀行口座から自分のお金を下ろすのに、手数料を支払うのは非常にムダです。20万円の普通預金に1年でつく利息は40円（年利0・02％、税抜きで計算）ですが、一度時間外手数料を払えば108円も取られてしまいます。つまり、差し引き68円の預金が減ったことになります。**低金利時代は、銀行に手数料を払っていては損する一方**なのです。

実は、この手数料をゼロにする方法があります。**給与振込をしている銀行の口座を「優遇を受けられる口座」に切り替える**のです。このサービスをしている銀行は、三井住友銀行（「SMBCポイントパック」）、三菱東京UFJ銀行（「メインバンクプラス」）などがあります。**銀行との取引状況や口座残高に応じて手数料の優遇が受けられ、自行のATM時間外手数料が無料になります。**加えて、コンビニATM手数料が、三井住友銀行の場合は月4回まで、三菱東京UFJ銀行は月3回まで無料になります。また、給与口座でなくても、月末時点の残高が30万円あれば同様のサービスが受けられます（※）。

なお、一部の地銀でも同様の優遇サービスを実施しています。優遇の条件は給与振り込みだけではないので、自分の銀行に同様の優遇がないか、また使える条件があるかを確認してみましょう。

※優遇サービスを利用するには、口座切り替えと合わせてネットバンキングの契約が必要

13

毎月払っているお金こそシビアにカットを

出費を削るというと、〝日々のお金の節約〟を考えがちです。しかし、最も効果があるのは**毎月定額で支払っているお金＝固定費を見直すこと**です。一度見直すことで毎月払っていたお金が浮くのですから、細々とした節約が苦手な人こそ効果がある方法です。

家計費のうち固定費にあたるお金は、**家賃、保険料、習いごとの月謝やジムの会費**など。保険料は100ページで述べたように、医療保険のボリュームが大きいなら見直すのも方法の一つ。習いごとやジムの利用頻度によっては、やめてしまうことで結構な金額が節約できます。また、スマホの有料アプリやサービスなどは、一つ一つは小さな金額でも積み重なると結構な金額になります。一度総点検して、使っていないものは解約しましょう。

他にも毎月引き落としになっているお金で削れるものはないか、一度通帳を見直してみましょう。**電気やガス・水道代などの公共料金は、季節で増減はありますが、契約の種類を変えることで支払うお金を減らすことが可能**です。東京電力では朝型、夜型などライフスタイルごとに、電気を使用することが多い時間帯の電気代単価を安くする5つの料金メニューを用意しています。なお、東京電力の「でんき家計簿」サービスに登録すると、料金メニュー比較シミュレーションで実際に試算ができるので、今より電気代がぐんと安くできる方法が見つかるかもしれません。

POINT

一度手続きすれば、お金がその分毎月浮く！

14

資格を取るなら国の補助金を申請する

POINT

雇用保険に入っていれば、教育訓練給付金が10万円もらえる

資格を取るためにスクールに通おうと思っているなら、**受講費用の一部がもらえる「教育訓練給付」制度を利用しましょう。** これは厚生労働大臣が指定する講座を受講し修了した場合、スクールなどに支払った教育訓練経費の20％に相当する額がもらえる制度です。ただし、その額が10万円を超える場合は10万円まで、４０００円を超えない場合は支給されません。対象になるのはＴＯＥＩＣなどの語学、簿記、インテリアコーディネーター、きものコンサルタントほか幅広い分野にわたります。ただし、**この制度を利用できるのは、雇用保険の被保険者（または被保険者であった人）で、３年以上の加入期間（はじめて受給する場合は、当分は1年あれば可）がある人が対象です。** 受講したい口座が対象になるかは、事前に厚生労働省のホームページで確認するか、スクールに問い合わせましょう。

２０１４年にこれまでの「一般教育訓練給付」に加え、「専門実践教育訓練給付」の制度ができました。こちらは**助産師・看護師・保健師・調理師など、よりに専門的・実践的な資格を対象に**しており、**利用するには10年以上（はじめての場合、当分は2年）の雇用保険加入が条件です。** 支払った教育訓練経費の40％が支給（年間上限32万円）されます。こちらは資格取得まで期間が長いものが多いので、真剣にその職種で働く人向きです。

なお、給付金をもらうには、管轄のハローワークで給付金申請の手続きが必要です。

15

キャリアアップなら公共サービスを利用する

今後のキャリアのために転職を考えている人は**公共の就労支援サービスをどんどん利用しましょう。**なんといっても、ほぼ無料で利用できるプログラムばかりです。

全国にあるハローワークでは、応募書類の書き方を教えてくれる再就職支援セミナーが受けられたり、作成した書類の添削アドバイスをしてくれます。マザーズハローワークでは、同様のセミナーのほかにビジネスマナー&メイクアップセミナーや託児付きのパソコン講習などのプログラムが充実しています。**ハローワークというと失業者のためのものと思われがちですが、在職中の人でも利用できます。**

東京都が都民向けに設置している就労支援施設「東京しごとセンター」では、個別に担当のキャリアカウンセラーがついて自分の適性や就職活動へのアドバイスをしてくれます。模擬面接やキャリアデザインセミナーなど、より実践的な研修や、実務に使えるワード、エクセル、パワーポイントの講習も無料です（パソコン講習は別途テキスト代が必要）。

また、起業を考えている人向けに、事業計画や融資を受けるノウハウなどをアドバイスする個別相談などもあります。さらに、その地域に住んでいる、もしくは働いている人向けに、自治体が資格取得支援講座を実施しており、手ごろな費用で行政書士や宅建など国家資格合格を目指す講義が受けられます。

POINT

無料で受けられる就職支援プログラムをどんどん使おう

第4章

かかるお金を削って「楽しむ」知識10

貯蓄のために楽しみを我慢するのはよくないこと。
ただし、ひと工夫しましょう。
無料や割引で遊べる方法を知っていることは、
貯蓄達人のたしなみなのです。

01

少し敷居の高いコンサートは無料で楽しむ

クラシックホールでのコンサートなんて敷居が高くて……と思っていませんか？　実は**本格的なホールなのに無料で聞けるコンサートがある**のです。東京のサントリーホールや東京オペラシティでは、月1回のペースでランチタイムコンサートを実施しています。しかもそのコンサートで聞くことができるのはパイプオルガン。パイプオルガンは建物の一部に組み込まれているため、実際に備えているホールでなければ聞くことができない貴重な楽器です。それを予約不要の無料で聞けるとは大変なぜいたくです。通常の演奏会とは異なり、演奏中の出入りが自由と言うのも堅苦しくなくていいですよね。

もう少しカジュアルな場所で音楽を楽しみたい人には、**CDショップのミニライブ**がおすすめ。演奏家やアーティストが新しいアルバムを出したときに、PRを兼ねて実施されています。参加にはCDの購入などが必要なこともありますが、ライブを聞くだけなら無料で参加できるものも結構あります。タワーレコードやHMV、新星堂などのHPで「イベント」として告知されているので、せっかく出かけるのならライブがある日を狙って行くのもいいでしょう。

なお、ホテルオークラや帝国ホテルでも時折無料のロビーコンサートを実施しています。無料で上質な音楽に触れる機会は、探せば結構あるものなのです。

POINT

ホールやホテル、CDショップと探せばたくさん見つかる

02

金券ショップの安くなる仕組みを知っておく

POINT

立地や期限で販売価格が変わるので注意を

旅行やエンタメの強い味方**「金券ショップ」**。いくつかコツを知っておくと、よりお得に利用することができます。

金券ショップで売っているチケットは、買い取ったチケットにお店独自の利益を乗せているので、いくつものショップが乱立している場所ほど価格競争が激しいもの。お目当てのチケットがあるなら、**近くの店舗をいくつか回って価格をチェック**しましょう。同じエリアなら、立地が便利でお客が多いお店より、**少し目立たない場所にあるお店の方が安いということもあります。**しかし、チケットを、公演の開催場所の近くにある金券ショップで買おうとすると、あまり安くなっていないこともあります。**必ず売れるものは安くはならない**という一例です。

一般的に、**使用できる期限が迫っているほど販売価格が安くなりますが、逆に直前すぎると売り切れている**場合も。最終日直前の美術展に行こうと金券ショップへ行ってみたら全部売り切れで、結局定価でチケットを買うしかない、ということもあるので注意。

金券ショップ＝安いという認識自体が覆ることもあります。プレミアのついている人気のチケットは、逆に正規の値段より高くなっていることもあります。あくまで金券ショップの価格設定は、需要と供給の関係で決まることを知っておきましょう。

03

年に1回の誕生日割引でレジャーにいく

意外と入場料がかかるテーマパーク。実は、**誕生日割引のサービス**を実施しているところが結構あるのです。

誕生月とその翌月にチケットが特別価格で買えるのは**ユニバーサル・スタジオ・ジャパン**。通常７２００円のバースデー・１デイ・パスが、６７００円で利用できます。割引を利用するためにはClub ユニバーサル会員になる必要がありますが（登録無料）、同伴者５人までＯＫというのはうれしいですね。２人で行くと９２６円もの割引になる計算です。**鴨川シーワールド**も、誕生日当日に同伴者を含め５名まで入園が割引になるプランを実施。通常２８００円が２４００円で入園できます。

誕生日を迎えた本人の入園が無料になるところもあります。和歌山の**アドベンチャーワールド**は４１００円の入園券が、三重県の**志摩スペイン村**は４９００円のパスポート券が、本人に限り無料（どちらも大人料金）。これはかなりお得ではないでしょうか。

１年に一度、誰にでも平等にやってくる誕生日。割引が利用できるレジャー施設は結構いろいろあるので、行きたい施設が決まっているなら調べてみるといいでしょう。

なお、こうした割引を利用するには**運転免許証など誕生日を証明するものが必要**なのでお忘れなく。

POINT

「誕生日当日は無料」のサービスもある

※誕生日割引は2015年の情報。各施設HPによる

04

旅行はクレジット会社のトラベルデスクに電話する

POINT

旅行費用が最大5％節約できることも

旅行代を節約する方法はいろいろあります。住んでいる自治体や勤務先が契約している保養施設を利用したり、直前割引価格で泊まれる安いホテルを探したり。もし、交通機関とセットになった**パックツアーで旅行を考えているなら、カード会社のトラベルデスク**を利用しましょう。指定されている旅行会社のパックツアーなら、トラベルデスク経由で予約すれば代金が割引になったり、カードのポイントを代金として使えます。

例えば、三井住友ＶＩＳＡカードの「ＶＪトラベルデスク」では、日本旅行「赤い風船」、ＡＮＡセールス「ＡＮＡスカイホリデー」、ＪＡＬパック「ＪＡＬパック」扱いのツアーが同伴者の分も含めて５％引きに。海外旅行用のパックも３～５％引きで利用できます。

利用するには、これら旅行会社のパンフレットで希望のコースを決め、トラベルデスクに電話して、パンフレットの番号などを伝えて予約を申し込むだけ。旅行代金は、その会社のクレジットカードで決済します。**旅行会社のカウンターで申し込む場合と同じ作業で代金が割引になる**なんて、使わない手はありません。

なお、旅行保険代を節約しようと、カードに保険がついているからいいやと思っている人は注意が必要です。保険適用には旅行代金をカードで支払うことが条件になっていることが多いので、一度確認しておきましょう。

05

サービスエリアや道の駅では「チラシ」を探す

車でのレジャーで出費を節約したいなら**「紙」に注目**です。**サービスエリアや道の駅に寄ったら、そこで目に入るチラシやポスターなどの紙モノを絶対に見逃さない**こと。近隣レジャースポットの割引券や、観光ガイドには載っていない期間限定イベントの告知など、お得情報を入手できます。特に道の駅にはネット検索ではなかなか見つからない地元ならではの割引情報や限定サービスがたくさん。詳しい観光マップももらえますし、休憩するだけのスポットにするのはもったいない！

ＪＡＦ会員の場合、公式サイトの「JAFナビ」をチェックしましょう。ＪＡＦ会員証を提示すると入場券が割引になる観光施設や温泉施設、アミューズメントスポットが調べられます。会員割引が利用できるガソリンスタンドも全国エリアで検索できて便利です。

高速道路を使う旅では、各道路会社のサイトが役に立ちます。ＮＥＸＣＯ東日本「ドラぷら」では、エリア内のサービスエリアで使えるドリンクサービス券や割引クーポンが入手できます。持参するだけでコーヒー代が浮くこともあるのです。ＮＥＸＣＯ中日本「速旅」、西日本「みち旅」では、周遊エリアの高速道路が乗り放題になる「周遊割引」プランの事前申し込みも可能です。旅行先が決まったら使えるプランを探してみましょう。

同じ旅行でも、**ひと手間を惜しまないことで、かかる金額に差が出てくる**のです。

POINT

・ネット検索では出てこないローカル割引も

06

ビジネスホテルは「値段」より「場所」を見る

POINT

移動コストがかからない・立地にあるかをチェックしよう

旅行の宿泊先にビジネスホテルを使う人が増えています。今や禁煙ルームがあるのは常識、大浴場や女性向けアメニティに力を入れているホテルも多く、食事つきの観光旅館に泊まるよりもリーズナブル。カップルやファミリーで利用する観光客も多いのです。

観光でビジネスホテルを使う際に注意する点は、そのホテルがある場所です。なじみのない観光地の場合、つい新幹線駅など主要駅に近いホテルを選びがちですが、地方によってはJRの駅がメインの繁華街からかなり離れている場合があります。札幌駅よりも大通公園やすすきの、名古屋駅より栄、新大阪駅より梅田や難波、博多駅より天神、というように必ずしも主要駅の駅前が繁華街の中心とは限らないのです。

夕食がつかないビジネスホテルの場合、食事に行こうとすると繁華街までいちいち地下鉄や私鉄で移動する必要が出てきます。せっかくなら、その土地の人気店やご当地グルメのお店をいろいろ探したいですよね。そのための移動で余計なコストがかかるとすれば、これこそ残念な出費です。

ビジネスホテルを旅行の宿として選ぶなら、最初に場所の便利さを調べましょう。土地勘がないときは、旅行ガイドを見て飲食店が集まっているエリアを確認。そこに歩いて行ける場所にあって、かつ値段が手ごろなホテルを探すのが正しい順番です。

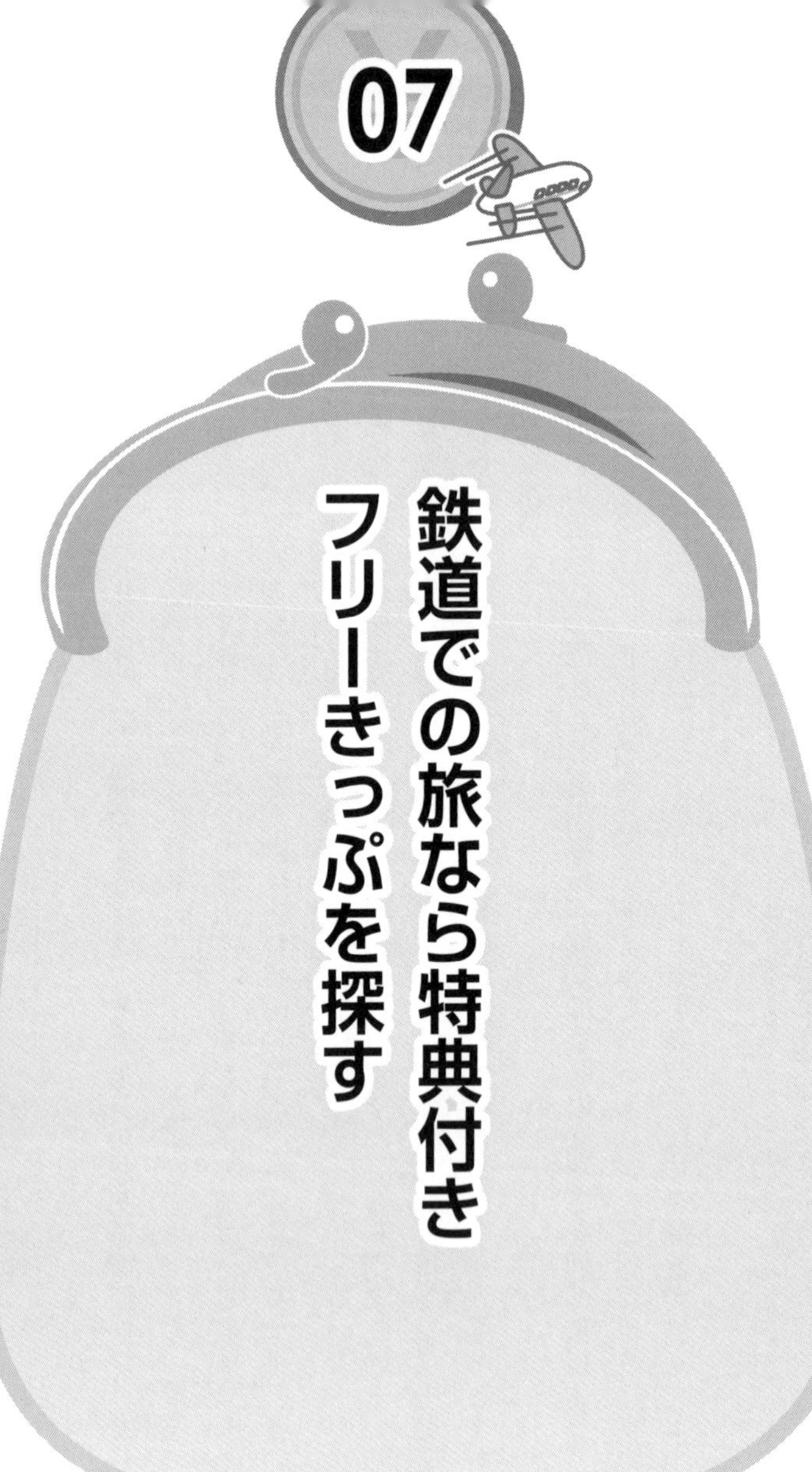

07

鉄道での旅なら特典付きフリーきっぷを探す

フリーきっぷとは、**期間限定で一定の区間内であれば交通機関が乗り降り自由になるきっぷ**です。乗り降りのたびにきっぷを買う必要もなく、運賃もお得な設定になっているので、鉄道を利用する旅やレジャーを予定しているならぜひ使うべき。さらに最近では、**特典付きフリーきっぷが発売されています。**食事券が付いたグルメきっぷもその一つ。東急電鉄の「横濱中華街　旅グルメきっぷ」はフリーきっぷに加えて横浜中華街の8店舗で利用できる食事券がついています。関西地区では初詣期間に神社参拝の記念品やおみくじ引換券がもらえるきっぷなども期間限定で発売されています。

身近な1日乗車券にも特典がついている場合があります。東京メトロと東京都交通局（都営地下鉄）の1日乗車券では、券の提示で美術館の入館料が割引になったり、飲食店の割引や1品サービスなどの特典が100以上の施設で受けられます。大阪市交通局の1日乗車券「エンジョイエコカード」も大阪城はじめ観光施設で割引などの特典が受けられます。東京メトロ1日券は600円なので、170円区間を4回乗れば元が取れる計算です。逆に、一往復だけだと高くつく場合もあるので、その点は注意が必要です。

各鉄道会社が通年または期間限定でこうしたきっぷを発売しているので、**出かける前には各社ホームページの「お得なきっぷ」というページをぜひチェック**してみましょう。

POINT

食事券や特典などがついたきっぷはコスト的にも◎

※各きっぷの情報は2015年時点発売のもの。詳細は各社HP参照

08

手土産は「誰もが知る」ものを選ぶ

POINT

喜ばれるお土産とは、安く買えるものでもある

帰省や親戚へのお土産に悩んだときは、**「知る人ぞ知る」**より**「誰もが知る」をキーワードに選びましょう。**せっかくだからと奮発し、わざわざ行列に並んで買ったとしても、「ここでしか買えない」や「最近流行っている」ものは、残念ながら「そうなの？」という反応が返ってくるだけ。逆に喜んでもらえるのは、昔からある定番のもの。関東のお土産なら、例えば「ひよ子」「とらやの羊羹」「泉屋のクッキー」「ナボナ」などがそれ。年配の方にとって**「その名前は聞いたことがある」ということがすでにブランド**ですから、新進気鋭のパティシエの名前が付いたお菓子よりずっと喜ばれます。

しかも、こうした定番品は価格的にも手ごろなのが多いのです。箱入りでも1000円程度から買えるものもあるので、お土産代の負担も少なくて済みます。

旅行先で会社や友人へお土産を買う際にも同じことが言えます。例えば北海道土産で一番喜ばれるのは、やはり誰もが知る「白い恋人」。価格は9枚入りで576円。しかも箱入りですから、お土産としては日本最強のコストパフォーマンスではないでしょうか。「誰もが知る」ものは、ロングセラー商品。売れ行きも一定していて製造上のロスが少なく、コストも新製品よりかからないため、価格も安めなのだと思われます。これまでお土産選びに悩んでいた人は、次回からぜひ試してみて下さい。

09

住んでいる自治体で割引があるサービスを探す

せっかく住民税を払っているのだから、住んでいる自治体で割引になるサービスを使わないのはもったいないないですよね。

東京の例ですと、まずクラシックコンサートのチケットが割引になるサービスがあります。「すみだトリフォニーホール」（墨田区）、「北とぴあ」（北区）、「新宿文化センター」（新宿区）、「めぐろパーシモンホール」（目黒区）などで区民割引が利用できます。対象になるコンサートや割引率はそれぞれ異なりますが、新宿文化センターで行われたあるコンサートではS席4500円から500円が割引になった例もあります。ただし、割引を適用してもらうにはホール窓口での購入に限る場合があるので注意しましょう。

また、レジャー施設での割引もあります。しながわ水族館では品川区民特別料金を利用すれば入館料金（大人）1350円が800円になるというのは、かなりお得です。スパ・ラクーアでは文京区民割引で入館料（大人）2634円が2268円になります。

これらの**割引を利用するには、運転免許証や健康保険証など、住所を確認できるものが必要です。**

自分の住んでいる自治体の名前と「区民割引」「市民割引」などのキーワードを入れて検索してみると意外な割引が見つかるかもしれませんよ。

POINT

使える割引を利用して住民税分を取り戻そう

※割引情報は2015年現在。各施設HPによる

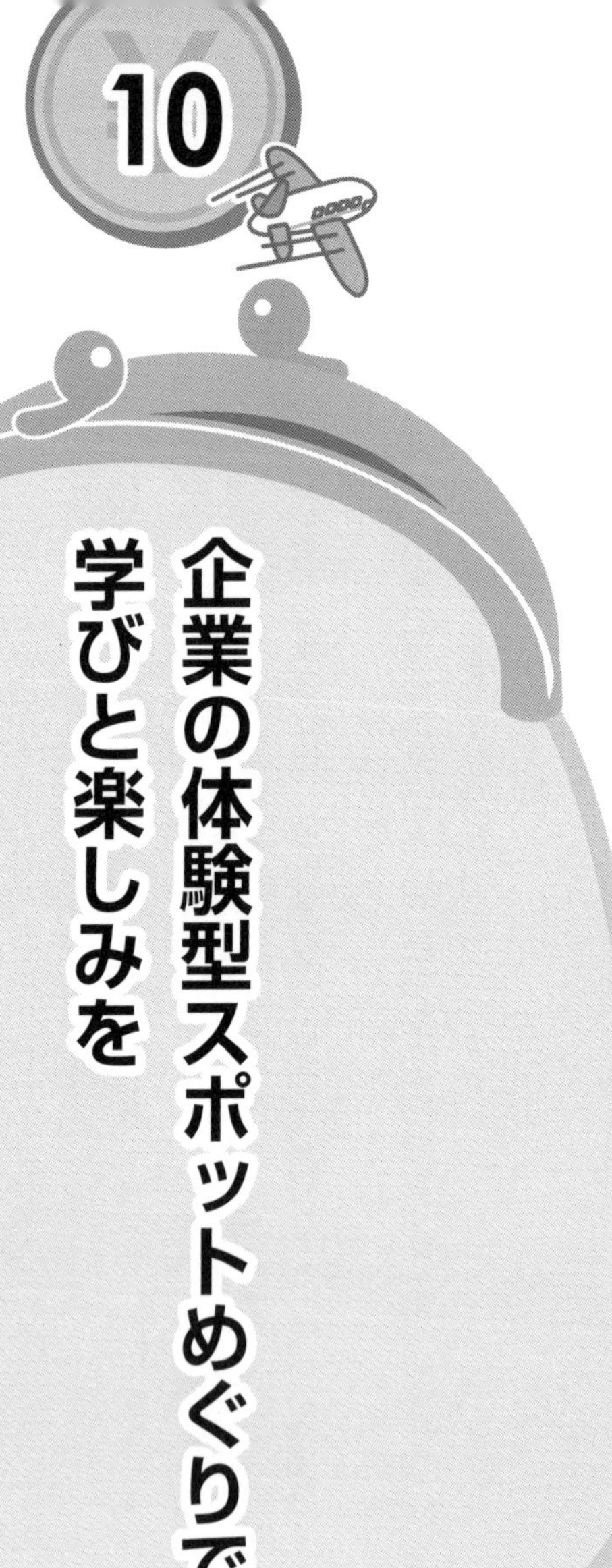

10

企業の体験型スポットめぐりで学びと楽しみを

身近な商品の知識も深まり一石二鳥

企業が製品のＰＲ目的で運営している体験型ショールームや博物館。無料から数百円の料金で、知識を学びながら楽しめると人気です。普段使っている商品の歴史を学んだり知識を深めたりすることで、買い物に役立つ情報を得られるメリットもあります。

トヨタ自動車の体験型ショールーム**「MEGA WEB」**（東京）では、１０００万円以上の高級車を含むトヨタ車の試乗ができる（1回３００円）ほか、モーション型体験シアターや人気ゲーム「グランツーリスモ６」のシミュレーターを使って無料で遊べます。**「UCCコーヒー博物館」**（兵庫）ではコーヒーができるまでの知識を学びながら、テイスティングもできますし、焙煎体験ではコーヒー豆を自分好みに焙煎し、持ち帰ることもできます（１０００円）。

身近なのに意外に知られていない薬について学べる、第一三共の**「くすりミュージアム」**（東京）もユニーク。体に入った薬がどのように吸収されて作用していくのか、映像やゲームなどを通じてその知識を学べます。

試食や試飲ができる工場見学も大人気。実施している工場は全国にありますが、人気の見学先だと数か月先まで予約が埋まっていることも多いようです。ＨＰで予約方法などを確認のうえ、余裕をもって申し込んだ方がいいでしょう。

※体験の内容や金額は2015年現在。各社のHPによる

第5章

将来、お金持ちになるために「覚える」知恵15

お金を貯めることが楽しいと思いはじめると、
自信がついて、将来の目標も見えてきます。
その夢をかなえるために知っておいてほしい、
「少し先のお金の知識」を
お伝えしたいと思います。

01

貯蓄ゼロではいけない理由とは

お金を貯めるのは何のためでしょうか？

家を買いたいから、旅行に行きたいから、老後が不安だから……さまざまな理由があると思いますが、**「したいことを諦めないため」**ではないかと思います。

例えば、今の仕事を辞めて昔からの夢だった仕事に向かって一歩を踏み出したい。そんなときにまとまった貯蓄があれば、決断は難しいことではないでしょう。でも、蓄えがない人は、「今はお金がないから……」と諦めてしまうのです。どうしても夫とうまくいかず離婚したいのだけど、「お金がないから生活のために離婚はできない」という女性。お金のためにより良い人生を諦めるなんて、悲しすぎます。子どもが志望校に推薦で入れることになったにもかかわらず、１００万円の入学金が用意できず、泣く泣く子どもに諦めさせたケースもあるそうです。親御さんの年齢が40代だとすると、その年でまとまった貯蓄がないということは子どもの人生にまで影を落とすことになってしまうのです。

逆に、**お金を貯められるようになると、自信が付きます。**たとえ収入が減っても、なんとかなるさ、という気持ちになれます。**未来が希望に満ちたものに思えるはずです。**

貯蓄がないことは、人生の可能性を狭めてしまいます。「お金さえあれば」という言い訳をしないですむように、今からスタートをしましょう。

POINT

自分がしたいことを諦めないために、貯める力をつけよう

02

預金は残高100万円になるまでほおっておく

100万円という数字は、高い山に思えるかもしれません。でもこの**100万円は、預金の世界では一里塚。貯蓄をスタートする人は、まずこの山をめざしましょう。**逆に、100万円に到達するまでは、難しいことは考えず、ひたすら積み立て貯蓄を続けましょう。金利が高い預金の広告が目に入ってもムシです。他より高い金利をつけている銀行の定期預金でも年利0・4％。10万円を1年間預けた場合の利息は、税金20・315％を引くとわずか319円程度。100万円の場合は、約3188円の利息になります。

つまり、**元金を増やさなければ、利息も増えない**というわけです。

また、**100万円が貯まるまでに、生活スタイルは積み立てをベースにした貯蓄スタイルに変わっている**はずですから、次の100万円達成まではもっと簡単になるでしょう。100万円の次は、300万円、500万円、そして1000万円と、はじめは手が届かないと思っていた山々が、登れない山ではない気がしてくるから不思議です。

貯蓄に慣れて来たら、達成目標を立ててみるのもいいでしょう。3年で100万円貯めるには、100÷3年≒33万円／年。33÷12か月≒2・8万円／月。つまり毎月2万8000円貯める必要があるとわかります。この数字がきついという人は、100万円到達までの年数を伸ばすか、ボーナスからプラスする方法などを考えてみましょう。

100万円は貯蓄の一里塚。ここを超えると倍速で貯まる！

03

「貯めどき」を逃さず貯める

人生には3度の「貯めどき」があります。1度目は結婚して共働きのとき、2度目は子供がまだ小さいとき、3度目は子供が独立して夫婦だけになったとき。つまり、**入ってくる収入が多いか、収入に対して支出が少なくてすむ時期を「貯めどき」と言う**のです。

ただ、晩婚・晩産化が進み、必ずしもこの「貯めどき」が一般的ではなくなっています。昔は50代で子供が独立すれば、大学の授業料負担がなくなるので、あとは定年までの約10年で500万～1千万円貯められるという試算も成り立ちました。

ところが、もし40代で結婚・出産した場合、子どもが大学卒業の前に親が定年を迎えることになるので、その後から貯蓄を増やすことは不可能です。さらに、この時期に介護費用がかかってくるケースも多々あります。こういうカップルでは、**いかに独身時代に大きなお金を貯めていたかがポイント**になります。つまり、**家族の状況や子どもの教育費など、自分ではコントロールできないことが起きる前を、貯めどきと考えましょう。**

つまり、お金の使い道を自分で自由に決められる時期です。独身時代や、共働きでダブルインカムの時期。もっと言えば**「使いたいお金を我慢できる時期」こそ、貯めどき**と言えるかもしれません。もし40代で結婚することになったら、お互いの貯蓄額だけはそれとなく確認しておきましょう。でないと、次の貯めどきは永遠に来ないかもしれません！

POINT

「使いたいお金を我慢できる時期」が貯めどきと心得て

04

「天引き」ならイヤでも貯まる

POINT

勤務先に財形貯蓄制度があるなら、まずそれからスタート

お金の専門家が口をそろえて言うのが**「給与天引きの貯蓄が一番貯まる方法」**という言葉。給料が振り込まれる前に貯蓄分が引かれてしまうので、どんなにズボラな人でも強制的に貯蓄が増える確実なシステムです。自分で手続きをする銀行の自動積立定期預金も天引きに近い方法ですが、口座残高が赤字になったときに借入ができてしまうのが難点。**勤務先に財形貯蓄などの天引きでできる貯蓄制度がある場合は、まずはそれを利用しましょう。**毎月の給与だけでなく、ボーナスからも積み立ての設定ができます。

財形貯蓄には、使いみち自由な「一般財形」、家の購入やリフォームに有利に使える「財形住宅」、60歳以降に年金として受け取れる「財形年金」の3種類があります。「財形住宅」、「財形年金」は、それぞれの目的に使う場合は、貯蓄残高５５０万円まで利子が非課税になるメリットがあります（※）。ただし、「財形年金」は60歳まで引き出せないので、利用するなら「財形住宅」から積み立てるほうがいいでしょう。結局家を買わずに引き出すことになっても、５年間分の利子に課税される以外のペナルティはありません。天引きの財形貯蓄が貯まりやすいもう一つの理由は、引き出しにくい点。会社の総務部に手続きを頼むのがハードルになって結局手つかずのまま貯まっていくことが多いようです。なお、転職しても相手先に財形制度があれば移管して継続することもできます。

※非課税になるのは「財形住宅」「財形年金」の合計で550万円まで

05

定期預金に預けるなら
1年ものを選べ

100万円以上の貯蓄ができたら金利が高めの定期預金に預け替えたいという人もいるでしょう。その場合は、**1年満期の定期預金を選ぶのがおすすめです。**

一つ目の理由は、**金利が有利**なこと。一般的に定期預金は、預ける期間が長いほど金利が高いのが常識なのですが、なぜか1年ものの金利だけはその常識外。ボーナス時期に実施されるキャンペーン金利を見ると、**1年ものの定期預金の金利が高めに設定されていることが多い**のです。

二つ目の理由は、**金利の動き**です。これまで預金金利はゼロ金利に近い数字でした。そのため長期間おろせない3年や5年ものの定期預金に低金利のまま預けてしまうのはデメリットと言われてきました。もし**今後インフレに動き、少しでも預金金利が上がるようなことがあれば、金利が満期まで変わらない定期預金に長く預けるのは不利になります。**どちらにしても経済の波に乗るには、1年の短期間で様子を見るのが得策といえます。

新しく定期預金に預けるなら、先述したようにキャンペーン金利の実施時期がいいでしょう。なお、**預け入れの際には「満期時に解約」という項目を選んでおきましょう。**そうすれば、1年後の満期時にまたキャンペーン時期が巡ってくるので、再び有利な条件で預けることができるからです。

POINT

1年定期は金利面で有利なことが多い

06

地銀や信金のネット定期は大手銀行よりお得

POINT

大手銀行の20倍もの高め金利がつく！

前項目では1年満期の定期預金が一番有利、とお伝えしましたが、ではどこの銀行でもいいのでしょうか？　このところ**高金利の定期預金ランキングに並んでいるのは、実は地方銀行や信用金庫のネット専用定期預金。**地銀や信金と言うと、その地方に住んでいないと利用できないと思いがちですが、ネット定期ならインターネットで口座を開いて預けられます。大手銀行の定期預金金利が1年物で年０・０２％という時代に、地銀や信金のネット定期の金利には０・４〜０・５％と、20倍以上の数字がついています。また、預入単位は10万円以上１００万円以下などが多く、利用しやすくなっています。

こうした高金利定期を利用するには、注意点も知っておきましょう。

まず、**募集期間や募集枠（金額の総額）が決まっている**こと。期間内でも枠がいっぱいになってしまうと、募集が終了してしまうので、早めの申し込みが必要です。人気の定期預金の場合、口座開設の申し込みが殺到してしまうので、開設まで２週間程かかってしまい、結局募集期間を過ぎてしまった、という残念な事態もあり得ます。

また、**近所に支店がない場合は、入出金に使えるＡＴＭと、その手数料を確認しておく**こともポイント。地銀でもコンビニＡＴＭを使えることが多いのですが、手数料がかかるとせっかくの利息もふいになってしまいます。

07

カタカナ預金には近づかない

銀行で預けられる定期預金は、「元本割れしない＝預けたお金が減らなくて安全」だと思っていませんか？　でも、中には注意が必要な預金もあります。

例えば、「○年以上預けると、金利がステップアップする」とうたっている預金。よくあるのはカタカナの名前がついていて、**「仕組み預金」や「満期特約付き定期預金」と書いてある**もの。こうした定期預金は、私たちが普段預けているものとは全く違うものです。

まず、**2～3年間は金利が低く抑えられ、年数ごとに段階的に金利が上がり、最長10年預けると1・0％までアップする**ことになります。ただし満期は銀行の判断で繰り上げになることも。一番困るのは、中途解約が原則できないことです。というより、**解約するとペナルティーの解約金が発生して、預けたお金が減ってしまう可能性がある**のです。

こういう預金は、金融機関に自分の預金を使う「権利」を一定期間渡すかわりに、普通の定期預金よりも高い金利を受けられると考えればいいでしょう。とはいえ、もし世の中の預金金利が1・0％より上がっても解約できないのですから、必ずしも得とは言えません。**一言で説明しにくい金融商品には、イメージを表すカタカナ名称がついているもので**す。名前を見て、ぱっと理解できない預金には近づかない方がいいでしょう。

一言で説明できない複雑な仕組みの預金は「カタカナ」の名前になる

08

会社員には「節税」が一番効く

税金がかかる所得を少なくすると、お金が戻る

景気が良くなれば給料も上がる、と思いたいですが、そう簡単ではありません。でも、会社に頼らなくても収入を増やす方法があります！

それは、ずばり**「節税」**。私たちのもらう手取り給料は、給与明細の収入から所得税や住民税、年金や健康保険などの社会保険料などが引かれた残りです。中でも、税金は見込みで引かれています。ちょっと言葉が複雑になりますが、**給料をもらっている会社員の場合、まず収入から一律の金額が引かれ（給与所得控除という）、その残りの金額＝所得の金額に対して税金がかかります。**課税される所得が多ければ税金がたくさんかかり、逆に少なければ安くなります。つまり、この**所得から差し引くことができるお金（所得控除）を増やせば、年末調整で所得税が戻ってくる**のです。

年末調整では、結婚して扶養している配偶者がいる人は38万円（配偶者控除）、70歳以上の親を扶養していれば、同居の場合58万円、別居の場合48万円（扶養控除）が所得から引かれ、その分税金が安くなります。**年間10万円以上の医療費（保険などの給付金を引いた後の金額）がかかった場合は、次の年の3月15日頃までに確定申告をすれば、所得税が戻ってくる上に、住民税で引かれる金額も安くなります。**花粉症の治療薬や風邪薬など薬局で買う市販薬も医療費に含められるので、レシートは捨てずにとっておきましょう。

09

節税しながら老後のお金を増やせる制度を使う

毎月の掛け金がまるまる節税になるからメリットが大きい

あなたが働いている会社には、退職金制度や企業年金制度はあるでしょうか？　老後への備えとしては心強いお金ですが、最近の経済状況を反映して、これまでの**「決まったお金がもらえる年金（確定給付型）」から、「掛け金は一定だが受け取るお金は変動する年金（確定拠出型）」にシフトしつつあります。**政府は今後この「確定拠出年金（DC）」を推し進めたいと考えており、さまざまなメリットを用意しています。

DCを利用するには、**勤めている会社が導入している「企業型」に加入するか、会社に制度がない場合や自営業の人は「個人型」に加入する**ことになります。企業型の場合は、会社側が掛け金を負担しているのですが、それに上乗せして掛け金を増やせる「マッチング拠出」ができるようになりました（会社側との合計で月額5万5000円まで）。

もし、自分で月1万円の掛け金を上乗せしたとすると、年間12万円が所得から控除（給与所得控除）できるのです。つまり、**将来のためにお金を積み立てると、その分だけ税金が安くなる**というわけです。所得が20万円の場合、毎月1万円を掛け金として出したとすると、税金が2000円減ることに（ろうきんHPより）。

DCは、掛け金をどんな金融商品で運用するかを決める必要があります。投資型商品が中心なので最初は難しいかもしれませんが、将来のために勉強するきっかけにしましょう。

10

ふるさと納税はやりすぎ注意

「ふるさと納税」が大ブームになっています。納税先の自治体からカニや牛肉、メロンなどの高級品が、お礼の品としてもらえることが人気の秘密です。とはいえ「『ふるさと納税』をすればするほどお得になる」と考えるのは正しくありません。

そもそも、**「ふるさと納税」とは自分が選んだ自治体に寄付すること。**寄付をすると「寄付金控除」といって、所得税や住民税が安くなる制度が利用できます。ただ、**いくらでも控除になるわけではなく、上限がある**のです。

例えば、年収３００万円の独身者の上限の目安は年間２万８０００円です（年収、家族構成などにより変動する）。この金額から２０００円を引いた、２万６０００円分の税金が安くなります。ですが、特産品に惹かれてあちこちに「ふるさと納税」をし、**上限金額を超えてしまうと、それ以上の節税効果はありません。**たとえば上限２万８０００円までの人が５万円の寄付をし、特産品をもらっても、２万円以上は自分の持ち出しということに。

また、６つ以上の自治体に寄付をして住民税の控除を受けるには、会社員でも確定申告が必要です。併せて、専業主婦など所得税や住民税を払っていない人には、控除はないことも覚えておきましょう。

特産品欲しさに寄付の上限金額を超えると、それは「持ち出し」に

※2015年4月以降の新制度に基づく

11

いざという時に必要なお金の目安は半年分の生活費

仕事をしている人が何らかの事情で働けなくなったとき、どのくらいのお金の備えが必要なのでしょうか。

100ページでお伝えしたように、**病気やケガで働けなくなっても、会社員なら健康保険や労災保険から治療費や手当が出るので、いきなり収入がゼロになることはありません。**

次に、失業した場合です。働いている会社が倒産したり、リストラなどで解雇された場合、**離職するまでの1年間のうち6か月以上雇用保険に加入していれば、失業給付の基本手当を受けることができます。**ただし、会社の都合ではなく、**自己都合で辞めた場合には、離職するまでの2年間のうち1年以上の雇用保険加入期間が必要**です。会社都合での退職の際は、ハローワークで受給手続きをすれば比較的早めに給付が始まりますが、**自己都合ですと給付制限期間などを含め約４か月間は基本手当をもらえません。**また、手続きが遅れればそれだけ給付が始まるまでの期間も長くなります。

辞めてから半年～1年以内が再就職しやすいと言われているので、失業という事態に備えるとするなら**最低でも生活費の半年分、できれば1年分を目安に用意しておく**のがいいでしょう。

失業給付はすぐにはもらえないことも。生活費の準備は必須！

12

「家賃並みの金額ですむ住宅ローン」に騙されない

「家賃を払い続けるのはもったいない、同じ金額で住宅ローンを組めば負担は同じで家が買えますよ」というセールストーク、一瞬なるほどと思いがちです。今はローン金利も低いので頭金がなくても大丈夫、と言われると、ますますその気になってしまいます。でも、まず注意すべきなのは、その計算の根拠です。**マンションのモデルルームでローンの試算をしてもらった場合は、試算の条件、特に金利タイプに注目**しましょう。たぶん、変動金利か、1年間の固定金利でのローンで計算されているのではないでしょうか。

変動金利とは、文字通り半年ごとにローンにかかる金利が見直されるタイプ。固定金利と比べて低く設定されているので、かなりの低金利です。固定金利は一定の年数は同じローン金利のままで、固定期間が終わったあとは金利のタイプ（変動にするか、固定にするか）を選べます。つまり、**1年固定だと実質的には変動金利とほとんど同じ**になります。

もし、このいずれかで試算されているとすれば、**「家賃並み」で返済できるのは、試算した金利がずっと変わらない場合だけ。**住宅ローンは20年、30年と返済が続くもの。金利が上がれば、毎月の返済額や利息の額も上がります。話が違う！　といっても後の祭り。

将来家を買うなら変動金利よりは固定金利を、固定でもなるべく長い期間有利な金利で借りられるローンを探しましょう。

POINT

セールス側の返済プランは相手の都合でつくられている

13

NISA口座は銀行でつくらない

POINT

銀行では買える商品をいろいろ選べない

２０１４年から始まった**「ＮＩＳＡ（ニーサ）」**。聞いたことがある人は多いでしょう。ＮＩＳＡはいわゆる愛称で、**正確には「少額投資非課税制度」と言います。**文字通り、**少額（年間１００万円まで）の投資で出た利益や配当・分配金について、本来は20・315%の税金がかかるところを非課税にしてくれる制度**です。

この制度を利用するには、金融機関に「ＮＩＳＡ口座」を開くことが必要です。都市銀行や地方銀行、信用金庫、ゆうちょ銀行、証券会社などで開設することができます。でも、**ＮＩＳＡ口座を銀行や信用金庫でつくることはあまりおすすめできません。**

そもそも、「少額投資非課税制度」と言うように、**この口座で買えるのは株や投資信託などの投資商品**です。銀行で開いても、株は扱っていないので買えません。**銀行のＮＩＳＡ口座で買えるのは、今のところ投資信託だけ。**ただ、銀行で扱っている投資信託は手数料が高いものが多く、持てば持つほど払うコストが増えてしまいます。

私自身はネット証券にＮＩＳＡ口座を持っています。**ネット証券の場合、株はもちろん、投資信託の種類も豊富で取引の手数料が安いものがそろっています。**選択肢の広さでは一番でしょう。近所にあるから、なじみがあるからという理由だけで金融機関を選ぶのではなく、どんなものが買えるのか、中身を知ったうえで選びましょう。

14

生命保険よりも損害保険に入ろう

POINT

公的な補助がほとんどない災害や事故にこそ保険で備える

100ページで、医療費は公的な制度を使えばそれほどお金はかからない、とお伝えしました。それよりも、**大切なのは損害保険**です。**損害保険とは、家にかける火災保険や地震保険、自動車にかける自動車保険、旅行のときに入る旅行傷害保険**などです。

なぜ損害保険が必要かというと、**家を災害で失ったときや、人にケガをさせたときにかかるお金は、医療費のような公的な救済制度がほとんどない**からです。

例えば、最近話題の自転車事故に備える保険も、損害保険です。怪我をさせた相手への賠償金が数千万円にもなった判例もあるなど、個人の貯蓄ではとても賄えません。

特に、将来マイホームを買ったときには、火災保険と地震保険は必須です。このところ自然災害で家を失ったり、大規模な補修が必要になったりする事例が増えています。ところが、家や家財はあくまで個人の資産のため、自然災害などの不可抗力であったとしても、国はほとんどお金を出してくれません。自分で備えるほかないのです。

賃貸の家に住んでいる人は、契約の際に火災保険に入っていることが多いので、どんなときに保険金が出るのかを確認してみましょう。家財の補償は、火災や水災の被害だけでなく、落雷などでパソコンが壊れたときにも保険金が出ます。また、個人賠償責任補償がついていれば、自転車事故で他人にケガをさせたときにも保険が使えるので安心です。

15

老後のお金は、今の暮らしサイズから見える

POINT

これだけあれば暮らせるという金額を知っておけば怖くない

誰もが心配しているのは「老後のお金」ではないでしょうか。公的年金でもらえるのは厚生労働省のモデルによると、夫婦２人世帯で月21万円程度（厚生年金含む）となっています。年金では足りないとしたら、いくら貯めればいい？　と不安になりますよね。この**不安を消すには、「老後の生活費を計算してみる」のが一番です。**計算は今の生活費をベースにしてかまいません。独身の人なら今の生活費で、家庭がある人なら教育費など子供にかかるお金を抜いた金額で、年間にかかるお金を出してみましょう。

２０１３年に厚生労働省が発表した平均寿命は男性が80・２１歳、女性86・６１歳なので、女性だと65歳の定年から22年ほどあることに。先に計算した「年間にかかるお金×22」が、ざっくりとした〝老後にかかるお金〟です。実際には、ここに社会保険料や税金などの支払いも加わりますが、今はイメージをつかむだけでいいでしょう。

仮に、先述した年金額が続くとして「21万円×12か月×22年」。この金額と〝老後にかかるお金〟を比較します。**〝老後にかかるお金〟がかなり多かった場合は、今から生活コストを下げるよう節約をはじめましょう。**年齢が上がるにつれ収入は増えるかもしれませんが、漫然と出費も増やすのではなく、**なるべく同じコストで収める意識を持つこと。**「この金額さえあれば暮らせる」という自信ができれば、老後は怖くはありません。

高額医療費の自己負担限度額

1 ～年収約370万円の人

↓

57,600円

2 年収約370～約770万円の人

↓

80,100円＋（総医療費－267,000円）×1%

3 年収約770万円～約1,160万円の人

↓

167,400円＋（総医療費－558,000円）×1%

4 年収約1,160万円～の人

↓

252,600円＋（総医療費－842,000円）×1%

5 （低所得者）被保険者が市区町村税の非課税者等

↓

35,400円

※上記は70歳未満の場合です。厚生労働省の資料を元に作成

いざというときにもらえるお金

病気やケガで休んでも給料の一部が出る

傷病手当金

会社員などで健康保険に加入している人が、病気やケガで長く仕事を休んだときに支給される。期間は、連続して3日間休んだ後の4日目から最長1年6か月まで。支給額は標準報酬日額（残業代や交通手当を含めた1か月間分の給与を30日で割ったもの）の3分の2×休んだ日数。ただし、自営業などが入る国民健康保険にはない。

手続先　健康保険組合、協会けんぽ

仕事中のケガなどの医療費は自己負担なし

労災保険の療養補償給付・休業補償給付

業務中に事故や災害にあって労働者が負傷した場合に、治療費の給付や休業中（業務災害又は通勤災害による傷病の療養のため働けず、賃金がない日が4日以上）の給付が受けられるもの。休業補償給付は、1日につき給付基礎日額（労災にあう前の3か月間の賃金を、その期間の日数で割った1日当たりの賃金額）の80%が支給される。正社員だけでなく、パート、アルバイト等、雇用され賃金を支給される人すべてが対象になる。

手続先　勤務先

医療費の自己負担額が少なくてすむ

高額療養費制度

かかった医療費のうち、自分で支払う金額が一定額までになる制度。健康保険や国民健康保険など、公的な保険に加入している人なら誰でも利用できる。所得に応じて、自己負担の上限額が5段

失業給付の基本手当の所定給付日数

【会社都合で離職した人】

<table>
<tr><th>被保険者であった期間
区分</th><th>1年未満</th><th>1年以上
～
5年未満</th><th>5年以上
～
10年未満</th><th>10年以上
～
20年未満</th><th>20年以上</th></tr>
<tr><td>30歳未満</td><td rowspan="5">90日</td><td>90日</td><td>120日</td><td>180日</td><td>－</td></tr>
<tr><td>30歳以上35歳未満</td><td rowspan="2">90日</td><td rowspan="2">180日</td><td>210日</td><td>240日</td></tr>
<tr><td>35歳以上45歳未満</td><td>240日</td><td>270日</td></tr>
<tr><td>45歳以上60歳未満</td><td>180日</td><td>240日</td><td>270日</td><td>330日</td></tr>
<tr><td>60歳以上65歳未満</td><td>150日</td><td>180日</td><td>210日</td><td>240日</td></tr>
</table>

【自己都合で離職した人】

<table>
<tr><th>被保険者であった期間
区分</th><th>1年未満</th><th>1年以上
～
5年未満</th><th>5年以上
～
10年未満</th><th>10年以上
～
20年未満</th><th>20年以上</th></tr>
<tr><td>全年齢</td><td>－</td><td colspan="2">90日</td><td>120日</td><td>150日</td></tr>
</table>

階に分かれる。支払い後に医療費の還付の手続きをするか、事前に「限度額認定証」を取り寄せて病院に提出すれば、限度額までの支払いとなる。

手続先　市区町村（国民健康保険）、健康保険組合、協会けんぽ

障害で働けなくなったときに支給される

障害年金

年金に加入している人が、病気やケガで障害の状態になった場合に、障害の等級に応じて障害基礎年金が、厚生年金の加入者（会社員など）なら障害厚生年金が上乗せされて支給される。

ただし、初診した日の前々月までの１年間に年金保険料の未納がないことや、国民年金の加入期間の３分の２以上の期間、年金保険料を納めていることなどの条件を満たしていることが必要。子どもがいると金額が加算になる。

手続先　年金保険事務所あるいは市区町村

退職前の賃金日額の 50 ～ 80%をもらえる

失業給付

雇用保険に加入している人が失業した場合、求職期間中に支給される。賃金日額（失業前の最後の６か月間に支払われた賃金の総額を 180 で割った額）の 50 ～ 80%が基本手当日額として支給される。もらえる日数は年齢や雇用保険の加入期間で異なる。会社都合なら失業後わりとすぐ給付が始まるが、自ら会社を辞めた場合（自己都合）だと７日間の待期期間に加え給付制限期間３か月が終了し、さらに失業認定を受けてようやく給付が始まる。また、失業給付期間中に就職が決まれば再就職手当がもらえる。

手続先　ハローワーク

50～67％（育休開始から半年間は67％の給付）」で算出される。また、父親が育休を取った場合にも支給される。

手続先　勤務先

3歳までの子ども一人につき月1万5000円

児童手当

児童手当は中学生までの子どもに支給される。月額で、3歳未満の子どもは1万5000円、3歳以上～小学校修了前の第一子・第二子は1万円（第三子からは1万5000円）、中学生は一律1万円。ただし、親の所得制限があり、夫婦と児童2人世帯で年収960万円未満が目安。

手続先　居住している市区町村

子ども一人につき3000円

子育て世帯臨時特例給付金

児童手当をもらっている子ども（2015年6月時点）を対象に支給される。2015年度は一人当たり3000円（一回限り）。児童手当の所得制限以上の家庭には支給されない。2016年度以降は制度の継続および金額ともに未定。

手続先　居住している市区町村

家賃の一部がサポートされる

子育てファミリー世帯居住支援

若い世帯に住んでもらいたい自治体が家賃の一部などを負担してくれる。東京都の場合、新宿区は月額5万円（最長5年）を助成。板橋区では新婚・子育て家庭向けに民間住宅を借り上げ、区立住宅として3～4万円の家賃を減額する制度がある。子どもの年齢や所得などの条件あり。

手続先　制度を実施している自治体

出産、子育て中にもらえるお金

出産費用に充てられるお金

出産育児一時金

妊娠85日以上経過した出産に対して、子ども一人につき42万円が支給される制度（産科医療補償制度に加入していない医療機関等で出産した場合は40.4万円）。手続きをすれば出産費用として医療機関に直接支払ってもらうことができ（直接支払制度）、42万円以内で収まった場合は差額をもらうこともできる。

手続先　市区町村（国民健康保険）、健康保険組合、協会けんぽ

給与の約3分の2がもらえる

出産手当金

働いている女性が産休を取り、給与の支払いがない期間に健康保険から支給される。出産日以前の42日（多胎妊娠の場合98日）から出産の翌日以後56日目までで、産休を取った日数分がもらえる。金額は、標準報酬日額（残業代や交通手当を含めたひと月分の給与を30日で割ったもの）の3分の2×日数分が目安となる。健康保険に加入していればパートや契約社員でももらえる。

手続先　健康保険組合、協会けんぽ

育休中でも給与の約半分が支給される

育児休業給付金

雇用保険に加入している人なら育休中でも給与の一部を受け取れる制度。子どもが1歳になるまで（最大1歳6か月まで）、実際に育休を取った日数分がもらえる。ただし、育休を取る前の2年間に1年間勤務していることが必要。支給金額は「育休に入る前の6か月間分の賃金を180で割った日額×育休を取った日数×

おわりに

私が二十歳の時、お金を貯めようと真剣に考えたのは、「お金がなくても自給自足できて、一生楽しく暮らせる南の島を買いたい」という理由でした。そのために、30歳までに1000万円貯めて、それを元手に投資で増やして……という夢を膨らませたのです。人生を楽しむために必要なお金を貯めるのだと考えれば、貯蓄はとても楽しいプロセスになるのです。

ただし、漫然と「貯まるといいな」と考えている人を、お金は選んではくれません。

「どうすれば貯まるんですか？」という質問を山ほど受けてきましたが、具体的な方法をお伝えすると、たいてい「給料が少ない」「銀行に行く時間がない」「節約してもお金が足りなくなる」などの、「できない」オーラを感じることがほとんどでした。「できない」という言葉で自分を縛って何もはじめない。それは、とても残念なことです。

本書では、「できない」と言う人でも、「やってみようか」と思えるような、ごく簡単な方法からご紹介してきました。最初は「やめる」ことから、ぜひはじめてください。**お金を使う場面になったら、一度「このお金、本当に払っていい？」と自問してほしいのです**。できそうなことから一つずつでも実行していただければ、これほどうれしいことはありません。

そして、**必ず毎月積み立てをはじめてほしいのです**。ご紹介したように、まずは5000円からなら、なんとか捻出できるのではないでしょうか？

お金の専門家が口にする「時間を味方につける」という言葉があります。時間をかければ元は小さなお金でも大きく増やすことができる、という意味です。

今後、日本の人口は徐々に減少するでしょう。少子化に伴い、私たちが支払う社会保険料はじわじわと増え、それが年ごとに手取り収入を目減りさせます。貯蓄に回せるお金も年々少なくなるかもしれません。そう考えると、積み立ての金額そのものよりもはじめること、そして続けること。それがあなたの「貯まる人生」への入口になると、そう思います。

本書を出すにあたり、総合法令出版の時奈津子さんには、大変お世話になりました。

雑誌の取材を通じ、様々なお金の知恵を教えてくださった読者の皆様、取材の機会を与えてくださった編集部に深く感謝いたします。

また、本書の基本にあるのは、日頃よりお世話になっているファイナンシャル・プランナーやマネー専門家の皆様より学ばせていただいたことばかりです。

様々なご縁のおかげで、このような形にまとめることができました。心よりありがたく、この場を借りてお礼を申し上げます。

本書を手にしてくださった方に「お金を貯めるって、楽しいことなんだ」と感じていただければ、それが一番の喜びです。

松崎　のり子

松崎　のり子（まつざき のりこ）

消費経済ジャーナリスト
20年以上、さまざまな雑誌（『マネープラス』、『レタスクラブお金の本』、『レタスクラブ』、『ESSE』、『Caz』など）のマネー記事を編集し、複数の雑誌で副編集長を務める。

「貯められる人」と「貯められない人」のお金の習慣とライフスタイルを取材、分析。“お金の知恵”を得ることにより、お金の使い方に潜む問題点がわかるようになる。

このお金の知恵により、自身も「倹約」と「より有益なお金の使い方」を活用し、5年間で1000万円の貯蓄に成功。20代から「貯め上手」として取材を受けるようになる。

貯蓄以外に保険、住宅ローン、カードのポイント、投資などの幅広い知識を持ち、現在は『レタスクラブ』の連載「貯め力がアガる！　お金のヒント！」で暮らしに役立つマネー情報を取材する傍ら、「節約愛好家　激★やす子」のペンネームで、同誌の節約特集や連載「おトクの細道」にてアドバイスも行う。お金を有意義に使える「トクする仕組み」を追求し、消費を楽しみつつも貯蓄が増える方法を発信している。

消費経済リサーチルーム
https://www.facebook.com/ecreport

お金の常識が変わる
貯まる技術

2015年7月4日　初版発行

著　者　　松崎 のり子
発行者　　野村 直克

発行所　　総合法令出版株式会社
〒103-0001
東京都中央区日本橋小伝馬町15-18
常和小伝馬町ビル9階
電話　03-5623-5121
印刷・製本　中央精版印刷株式会社

ISBN978-4-86280-453-2